**DOUGLAS TUFANO**

# CAMÕES

### LÍRICA - ÉPICA

**NA SALA DE AULA**

© DOUGLAS TUFANO

COORDENAÇÃO EDITORIAL Maristela Petrili de Almeida Leite
EDIÇÃO DE TEXTO Janette Tavano
COORDENAÇÃO DE EDIÇÃO DE ARTE Camila Fiorenza
ILUSTRAÇÕES Weberson Santiago
DIAGRAMAÇÃO Isabela Jordani
COORDENAÇÃO DE REVISÃO Elaine Cristina del Nero
REVISÃO Nair Hitomi Kayo
COORDENAÇÃO DE BUREAU Américo Jesus
COORDENAÇÃO DE PESQUISA ICONOGRÁFICA Luciano Baneza Gabarron
PESQUISA ICONOGRÁFICA Rosa André, Marcia Sato
TRATAMENTO DE IMAGENS Bureau São Paulo, Marina M. Buzzinaro
PRÉ-IMPRESSÃO Alexandre Petreca
COORDENAÇÃO DE PRODUÇÃO INDUSTRIAL Wilson Aparecido Troque
IMPRESSÃO E ACABAMENTO Meta Brasil
LOTE 802386
CÓD 12101893

Dados Internacionais de Catalogação na Publicação (CIP)
(Câmara Brasileira do Livro, SP, Brasil)

Tufano, Douglas
  Camões na sala de aula ; lírica, épica /
Douglas Tufano. – São Paulo : Moderna, 2015. –
(Série na sala de aula)

ISBN 978-85-16-10189-3

  1. Camões, Luís de, 1524?-1580 2. Poesia épica -
História e crítica 3. Poesia lírica - História e
crítica 4. Sala de aula - Direção I. Título.
II. Série

15-05495                                  CDD-869.93

Índice para catálogo sistemático:
1. Literatura brasileira: História e crítica  869.09

Reprodução proibida. Art.184 do Código Penal e Lei 9.610 de 19 de fevereiro de 1998.

*Todos os direitos reservados*

**EDITORA MODERNA LTDA.**
Rua Padre Adelino, 758 - Belenzinho
São Paulo - SP - Brasil - CEP 03303-904
Vendas e Atendimento: Tel. (11) 2790-1300
www.modernaliteratura.com.br
2025

# SUMÁRIO

**1. Biografia de Camões: poucos fatos e muitas hipóteses**

**9** Primeiros tempos

**11** Poeta e soldado

**11** Perigos no mar, perigos na terra

**12** Um fim solitário e pobre

**2. O Renascimento: uma revolução cultural e artística**

**15** Um período de renovação e agitação cultural

**17** O homem no centro do universo

**17** A nova arte

**19** A burguesia e as artes

**21** A importância da imprensa

**21** O desenvolvimento científico

**3. O Classicismo em Portugal**

**25** A inspiração clássica

**4. A poesia lírica de Camões**

**27** A medida velha: redondilhas

**35** A medida nova: sonetos

**51** A influência das ideias de Platão

**52** O amor platônico e a idealização da mulher

**5. A poesia épica de Camões: *Os lusíadas***

**55** O gênero épico e as epopeias antigas

**57** As grandes navegações portuguesas

**60** *Os lusíadas* e as conquistas portuguesas

**62** *Os lusíadas* e a mitologia: deuses, musas e ninfas

**66** *Os lusíadas* e as antigas epopeias clássicas

**66** Estrutura dos cantos de *Os lusíadas*

**67** Resumo dos cantos

**69** Trechos selecionados

    **69** Proposição

    **71** Invocação

    **71** Dedicatória

    **73** Narração

        **73** *A morte de Inês de Castro*

        **88** *O velho do Restelo*

        **102** *O gigante Adamastor*

    **125** Epílogo

  **130** *Os lusíadas* e a Inquisição

**132 Sugestões de atividades**

# 1
# BIOGRAFIA DE CAMÕES:
## POUCOS FATOS E MUITAS HIPÓTESES

# PRIMEIROS TEMPOS

**Luís Vaz de Camões teria nascido em 1524 ou 1525, mas não há documentos que** comprovem a data. Segundo alguns pesquisadores, era natural de Lisboa, mas há outros que falam que ele era de Coimbra.

Também não se sabe com precisão como era Camões fisicamente. Os retratos e as estátuas que existem são frutos da imaginação dos autores, pois há pouquíssimas referências sobre ele feitas por seus contemporâneos. Sabe-se apenas que, como soldado, ele tinha perdido o olho direito em um combate.

Outra informação também não comprovada é que Camões teria estudado na Universidade de Coimbra, já que ele possuía as bases de uma sólida cultura e o conhecimento profundo da língua portuguesa, da história antiga e da mitologia greco-romana, como bem mostra a obra que escreveu. Na opinião de muitos estudiosos, a história da língua portuguesa pode ser dividida em dois períodos: "antes" e "depois" de Camões.

Ali também ele deve ter criado seus primeiros versos, pois em sua obra acham-se muitas referências às "doces e claras águas do Mondego", à "florida terra" e às "meninas de olhos verdes" da "cidade dos estudantes".

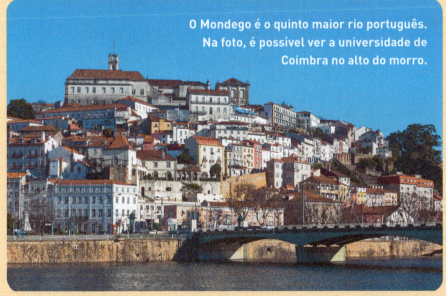

O Mondego é o quinto maior rio português. Na foto, é possível ver a universidade de Coimbra no alto do morro.

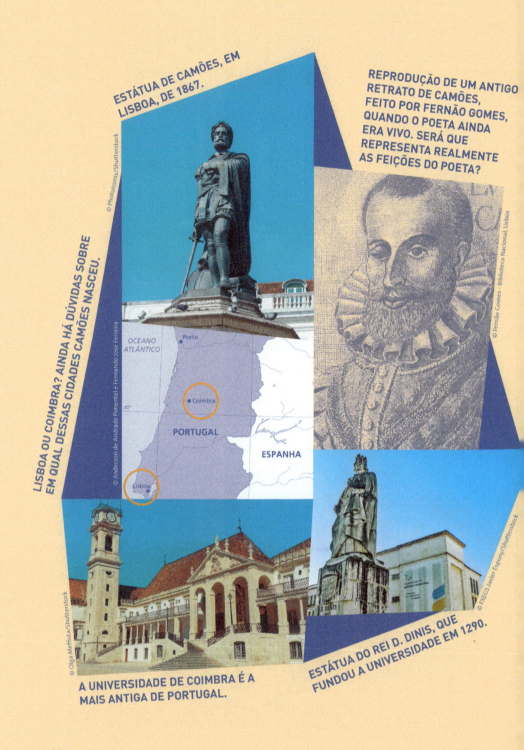

## Poeta e soldado

Camões, porém, não saiu de Coimbra apenas com um vasto saber, mas também com uma grande ânsia de viver. A movimentada cidade de Lisboa não deixaria de satisfazê-lo – as jovens da corte eram bonitas, certamente mais do que as de Coimbra. E aí devem ter começado os amores de Camões e suas desilusões sentimentais. Como não era rico, as dificuldades de sobrevivência aumentaram.

Em 1547, cumprindo o serviço militar obrigatório dos jovens portugueses, embarcou para a África como soldado e em um dos combates perdeu o olho direito. Voltou a Lisboa e, apesar dessa deformação da face, continuou a ser um constante galanteador. Seu talento poético já se manifestava e ele começou a escrever versos.

Relacionava-se com damas da corte e mulheres do povo, frequentava a corte e também as ruas e tavernas de Lisboa. Um dia, envolveu-se numa briga com um funcionário real, ferindo-o. Foi preso por alguns meses e, ao ser solto, resolveu engajar-se no exército e ficar a serviço do rei D. João III. Foi enviado às Índias. Por ser pobre, não tinha alternativa se quisesse sobreviver. O talento poético não bastava para ganhar a vida.

## Perigos no mar, perigos na terra

Chegou à fortaleza portuguesa de Goa em setembro de 1553. Lá viveu um período de lutas. Enfrentou muitos perigos e quase perdeu a vida nas batalhas que os portugueses travavam por interesses comerciais e militares naquela região, tendo participado de expedições por muitas cidades orientais — nessa época conheceu várias ilhas da Malásia e o litoral da China.

Diz a lenda que, em uma dessas viagens, teria sofrido um naufrágio e que, enquanto nadava para tentar se salvar, segurava, em uma das mãos, o manuscrito de seu grande poema *Os lusíadas*. Nesse mesmo acidente teria morrido uma jovem chamada Dinamene, por quem o poeta estava apaixonado. Camões expressou a dor de sua morte em vários sonetos que dedicou a ela.

ESTÁTUA DE D. JOÃO III, EM COIMBRA: ELE REINOU DE 1521 A 1557.

Goa é um estado da Índia, onde, no século XVI, os portugueses estabeleceram uma colônia e dominaram a região por aproximadamente 400 anos. Só em 1961, Goa tornou-se independente de Portugal, reintegrando-se à Índia. Na época, falava-se a língua portuguesa lá e ainda hoje há pequenos grupos que mantêm esse idioma.

## Um fim solitário e pobre

Pobre e com a saúde abalada, Camões precisou da ajuda de amigos para conseguir juntar recursos e voltar a Portugal, onde chegou em 1570. Tinha quase 50 anos, mas estava esgotado física e moralmente. Já havia escrito a maior parte de sua obra poética, além de três peças de teatro (comédias), e estava com o manuscrito de *Os lusíadas*, o qual conseguiu publicar em 1572.

Como reconhecimento dos altos méritos da obra, o novo rei, D. Sebastião, concedeu-lhe o pagamento anual de uma quantia que, se não o enriquecia, ao menos lhe permitia não morrer de fome. D. Sebastião, inclusive, foi rei por pouco tempo: morreu jovem nas lutas travadas contra os árabes no norte da África em 1578, deixando Portugal em luto. Tinha apenas 24 anos e nenhum descendente.

Em 1579, a peste voltou a castigar Lisboa. Os mortos eram enterrados aos montes, em valas comuns. Não havia tempo a perder com inscrições e túmulos. Camões estava entre essas vítimas: era o dia 10 de junho de 1580.

O seu túmulo nunca foi encontrado. Uma tumba feita no século XIX e colocada no Mosteiro dos Jerônimos, em Lisboa, homenageia a memória desse grande poeta português. Suas poesias líricas foram publicados somente depois de sua morte, em 1595, num livro intitulado *Rimas*.

RETRATO DE CAMÕES PINTADO EM GOA.

PRIMEIRA EDIÇÃO DE *RIMAS*, DE CAMÕES.

DETALHE DO MONUMENTO FUNERÁRIO EM HOMENAGEM A CAMÕES NO MOSTEIRO DOS JERÔNIMOS, EM LISBOA.

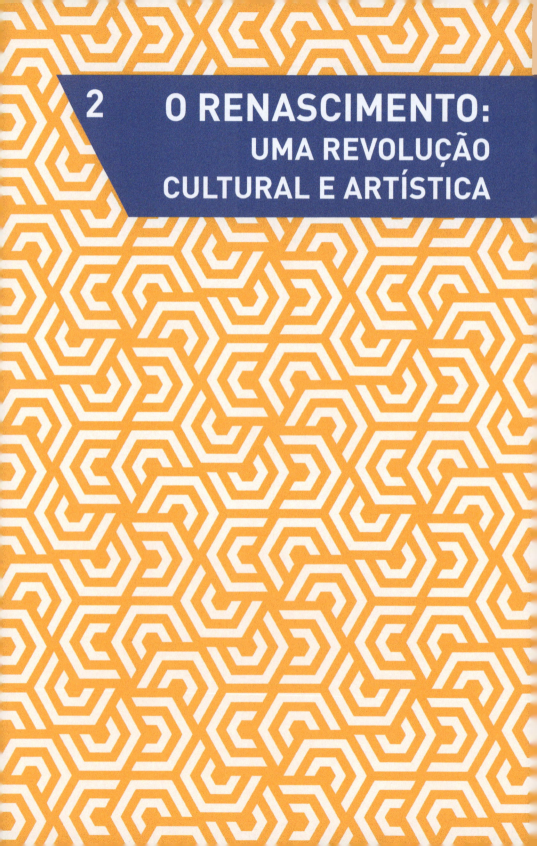
# 2 O RENASCIMENTO: UMA REVOLUÇÃO CULTURAL E ARTÍSTICA

# UM PERÍODO DE RENOVAÇÃO E AGITAÇÃO CULTURAL

**Camões viveu durante um período histórico chamado Renascimento, que foi um** importante movimento de renovação cultural ocorrido na Europa durante os séculos XV e XVI e que deixou sua marca em todas as áreas do saber, ajudando a criar a ciência moderna e influenciando o pensamento religioso. É considerado o marco inicial da era moderna.

Os artistas — pintores, escultores, arquitetos — passaram a inspirar-se nas obras dos antigos gregos e romanos, adotando-as como modelos. Por isso, dizia-se que a arte antiga estava renascendo.

Observe, por exemplo, este afresco renascentista, do pintor italiano Rafael Sanzio (1483-1520), executado num dos aposentos do palácio do Vaticano, em Roma:

**ESCOLA DE ATENAS, DE RAFAEL SANZIO:** NESSE AFRESCO, O PINTOR HOMENAGEIA GRANDES FIGURAS DA ANTIGUIDADE, COMO SE PODE VER NA IMAGEM AO LADO.

*Afresco:* é uma técnica de pintura feita sobre o revestimento ainda fresco de paredes e tetos.

# O homem no centro do universo

O Renascimento (também chamado de Renascença) não apresentou as mesmas características em todos os lugares. Rico e fecundo, nasceu em Florença, na Itália, em meados do século XV, e foi adquirindo aspectos diferentes à medida que se difundia pela Europa. No entanto, apesar dessa diversidade, manteve sempre um traço comum: a ruptura, em maior ou menor grau, com o forte teocentrismo[1] da Idade Média.

Repudiando a concepção medieval do mundo como um "vale de lágrimas", um lugar de tentações e pecados que desviam o homem do caminho da salvação espiritual, os renascentistas exaltaram a dignidade do ser humano, destacando-o como um ser livre, capaz de alcançar a felicidade terrena e de criar seu próprio projeto de vida. Por isso, dizemos que no Renascimento surgiu o antropocentrismo[2] — o homem no centro de tudo.

## A nova arte

O homem renascentista não vivia tão envolvido com as questões religiosas como o homem medieval. O que não significa que ele não tinha uma religiosidade. Essa existia, mas de uma forma diferente: mais humana e sensível à beleza das criaturas de Deus.

Os artistas responderam a essa nova visão, mostrando o ser humano e os próprios personagens bíblicos de uma maneira mais humanizada, diferente do que era comum até então. É o que podemos observar, por exemplo, nas duas pinturas da página 18.

Observe que a Virgem Maria e o Menino Jesus são representados de forma bastante humanizada, como se fossem uma simples mãe com seu filho encarando o espectador. Atrás deles, São João Batista também é representado como um garoto comum. São os símbolos religiosos — as auréolas na cabeça da Virgem e de Jesus e a pequena cruz de Batista — que os identificam como personagens sagrados.

O mesmo ocorre com a outra pintura: observe como os detalhes realistas do rosto — a boca ofegante, entreaberta, o olhar suplicante — destacam o lado humano de Cristo, apresentando sua reação ao sofrimento físico como faria qualquer homem.

---

1 Teocentrismo: visão de mundo que considera Deus o centro de tudo. Nesse sentido, valoriza-se a atividade religiosa, a preocupação com o pecado e a morte, com o julgamento de Deus e a existência além-túmulo. Essa concepção de vida, pregada e imposta pela Igreja Católica durante a Idade Média, deixou raízes profundas na cultura ocidental. A palavra é formada de teo (= Deus) + centrismo.
2 Antropocentrismo: palavra formada de antropo (= homem) + centrismo.

*MADONA DA CADEIRA*, DE RAFAEL SANZIO, DE 1514.

*CRISTO NA COLUNA*, DE ANTONELLO DA MESSINA, DE 1476.

Outro aspecto a ser ressaltado na arte renascentista está na representação da natureza, com os artistas procurando ser cada vez mais minuciosos e realistas em suas obras. Essa característica, aliada ao desenvolvimento da técnica da perspectiva, é responsável pela forte ilusão de realidade da pintura do Renascimento, como se o quadro fosse uma janela aberta para o mundo real.

Veja na página seguinte como as pinturas detalhadas de Albrecht Dürer (1471-1528) revelam uma atenta observação da natureza:

Esse novo conceito de arte modificou a relação obra-público, conforme explica o historiador Gombrich:

"O público que via as obras do artista (no século XV) começou a julgá-las pela perícia com que a natureza era retratada e pela riqueza e profusão de pormenores atraentes que o artista conseguia incluir em suas pinturas. Os artistas, entretanto, queriam ir ainda mais além em seus aperfeiçoamentos. Já não se contentavam com o domínio recém-adquirido de pintar detalhes tais como flores ou animais copiados do natural; queriam também explorar as leis da visão, e adquirir suficientes conhecimentos do corpo humano para incluí-los em suas estátuas e pinturas, como os gregos e romanos tinham feito. Uma vez que seus interesses enveredaram por esse caminho, a arte medieval podia realmente considerar-se no fim. Chegamos agora ao período comumente conhecido como a Renascença". (GOMBRICH, E. H. *História da arte*. Trad. de Álvaro Cabral. Rio de Janeiro: LTC, 1993).

TURFA, DE ALBRECHT DÜRER, DE 1503.

LEBRE, DE ALBRECHT DÜRER, DE 1502.

## A burguesia e as artes

Por outro lado, a ascensão da burguesia ampliou o campo de trabalho dos artistas, que passaram a ser contratados para pintar retratos, cerimônias familiares, temas não religiosos.

Um bom exemplo da presença da classe burguesa nas artes é o quadro conhecido como *O casal Arnolfini* (ver na página 20), pintado pelo holandês Jan van Eyck (1390-1441).

A tela mostra o rico comerciante italiano chamado Giovanni Arnolfini, com sua mulher, Giovanna Cenami, que pertencia também a uma rica família italiana. Eles viviam na cidade de Bruges, onde Arnolfini fez brilhante carreira, relacionando-se com gente da nobreza.

Há nesta obra alguns elementos simbólicos, que, conforme nos explica a tradição, expressam várias mensagens. Repare inicialmente na riqueza dos trajes do casal e dos móveis do quarto, sinal de sua posição social. A mulher usa um elegante vestido da moda da época, de cintura alta (apesar da aparência, ela não está grávida). O homem parece fazer um gesto de saudação. Mas para quem? Se olharmos para a parede do fundo, veremos um espelho, onde estão pintados aqueles que estão no quarto, olhando para o casal. Vemos assim que há outras pessoas ali. Logo acima do espelho, há uma frase escrita em latim: "Johannes de Eyck fuit hic 1434" (Jan van Eyck esteve aqui em 1434). É a assinatura do próprio pintor (detalhe 1).

Em torno do espelho, estão gravadas as cenas da paixão de Cristo, o que reforça o sentido religioso do momento (detalhe 2). No candelabro, embora seja dia, há uma vela acesa e apenas uma, o que pode simbolizar a presença de Deus naquele

19

DETALHE 1

DETALHE 2

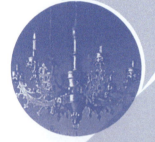

DETALHE 3

DETALHE 4

*O CASAL ARNOLFINI*, DE JAN VAN EYCK: DE 1434 (GALERIA NACIONAL DE LONDRES).

quarto (detalhe 3). Na janela e no aparador, há laranjas, frutas muito caras na Europa, o que, assim como a mobília e as roupas, podem simbolizar a riqueza do casal (detalhe 4). E o cachorrinho, magnificamente detalhado, é com certeza um símbolo de fidelidade.

Nesta obra, podemos perceber a importância que a pintura adquire como representação do mundo material e espiritual da burguesia do século XV, que se espalha por toda a Europa, atrás de seus interesses econômicos.

IMAGEM QUE MOSTRA A PRENSA DE GUTENBERG.

## A importância da imprensa

Por volta de 1450, a invenção da imprensa revolucionaria o mundo cultural, facilitando a difusão de novas ideias. Graças à prensa de caracteres ou tipos móveis, a impressão dos livros tornou-se mais fácil e rápida. Essa reprodução mecânica conseguida por Johannes Gutenberg (1400-1468) baixou bastante o custo de produção de livros (que até então eram escritos à mão pelos copistas) e ampliou enormemente o acesso à cultura e à informação. Podemos dizer que essa invenção marcou uma revolução semelhante àquela que a informática provocou em nossos dias. Mudou não apenas a forma dos livros mas também a mente das pessoas.

## O desenvolvimento científico

Ao colocar o homem no centro do universo, o Renascimento mudou também o conceito que se tinha da natureza, que passou a ser vista como o reino do homem, como o "livro de Deus", que deve ser investigado e compreendido. Essa nova visão do mundo natural estimulou as pesquisas e experiências científicas.

O desenvolvimento da matemática e do método experimental propiciou o surgimento das bases da ciência moderna.

Em vez de se apoiar na opinião dos sábios consagrados pela tradição, o homem do Renascimento instituiu a observação da realidade como base do conhecimento científico.

O espírito de observação e análise que caracterizou esse período levou ao questionamento de ideias apregoadas pelo clero como verdades indiscutíveis. Surgiu durante o Renascimento o primeiro tratado de astronomia heliocêntrica, elaborado por Copérnico (1473-1543). A ideia de que a Terra não era o centro do universo, mas girava em torno do Sol, juntamente com outros planetas, foi defendida mais tarde também por Galileu Galilei (1564-1642).

*DESENHO ANATÔMICO*, DE LEONARDO DA VINCI: ESTUDO DOS OMBROS DE 1510.

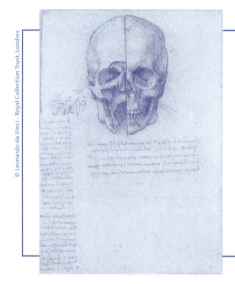

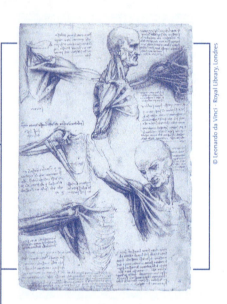

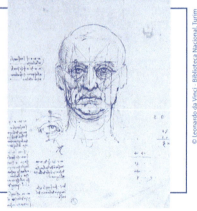

LEONARDO DA VINCI CHEGOU A DISSECAR CADÁVERES PARA MELHOR COMPREENDER E REPRESENTAR O CORPO HUMANO. COM SUA GRANDE HABILIDADE COMO DESENHISTA, DEIXOU MUITOS DOCUMENTOS DE SEUS ESTUDOS.

# 3 — O CLASSICISMO EM PORTUGAL

NA MARGEM DO RIO TEJO, ENCONTRA-SE A TORRE DE BELÉM, QUE FOI CONSTRUÍDA NO INÍCIO DO SÉCULO XVI PARA DEFENDER LISBOA. ELA MARCA O LOCAL DE ONDE PARTIRAM NAVIOS COM DESTINO À ÍNDIA, AMÉRICA, ÁFRICA, CHINA E JAPÃO. CONSTITUI UM PODEROSO SÍMBOLO DO PERÍODO DAS GRANDES NAVEGAÇÕES PORTUGUESAS E DA ÉPOCA DO CLASSICISMO.

# A INSPIRAÇÃO CLÁSSICA

**A imitação dos autores greco-romanos da Antiguidade está na base da renova-**ção literária surgida no Renascimento e que se chamou Classicismo.

A partir da técnica – arte – adquirida no estudo dos clássicos, os escritores renascentistas usam seu talento pessoal – engenho – para criar suas próprias obras. Dos antigos, retomam a ideia de que a arte deve fundamentar-se na razão, que controla a expressão das emoções. Por isso, buscam o equilíbrio entre os sentimentos e a razão, procurando assim alcançar uma representação universal da realidade.

Como início do Classicismo em Portugal, costuma-se indicar o ano de 1527, quando o escritor Sá de Miranda regressou de uma viagem feita à Itália, de onde trouxe as ideias de renovação literária e as novas formas de composição poética: o soneto, formado por 14 versos decassílabos (dez sílabas poéticas), distribuídos em dois quartetos (estrofes de quatro versos) seguidos de dois tercetos (estrofes de três versos).

> A palavra *classicismo* deriva de clássico, termo empregado pelo gramático latino Aulo Gélio, no século II, para designar os escritores que serviam de referência para o estudo da língua literária. Com o tempo, *clássico* passou a significar o escritor exemplar, aquele que devia ser imitado e estudado.

Mas, ao lado dessa nova tendência literária, sofisticada e erudita, ainda era muito forte a presença das formas populares, de raízes medievais. E não era raro que um mesmo autor revelasse esses dois aspectos em sua escrita, o tradicional e o novo, o popular e o erudito. Exemplo disso é a obra poética de Luís de Camões, o maior nome do Classicismo em Portugal.

Como término do Classicismo, indica-se o ano de 1580, com a morte de Luís de Camões. Também nesse ano, depois do falecimento do rei D. Sebastião, o país passou a ser dominado pela Espanha até 1640, quando reconquistou sua autonomia política.

# 4 A POESIA LÍRICA DE CAMÕES

UMA CANÇÃO ENTOADA AO SOM DE UMA LIRA ERA UMA LÍRICA.

A poesia lírica de Camões compõe-se principalmente de redondilhas e sonetos.

Dizemos que um texto pertence ao gênero lírico quando nele predomina a expressão plena do *eu*, ou seja, quando o poeta (o *eu lírico*, isto é, a voz que fala no texto) projeta seu mundo interior, revelando sentimentos, desejos e emoções. São textos que geralmente falam sobre as dores ou os prazeres do amor, a angústia diante da morte, a indignação provocada por uma injustiça social, entre outros temas.

A palavra lírico deriva de *lira*, instrumento musical usado pelos gregos séculos antes de Cristo. Nessa época, dava-se o nome de lírica à canção entoada ao som de uma lira.

## A medida velha: redondilhas

Dá-se o nome de redondilha ao verso de cinco ou sete sílabas poéticas.

Quando há cinco sílabas, é chamado de *redondilha menor*; no caso de ter sete sílabas, é *redondilha maior*.

*Eu lírico*: não devemos confundir o *eu* que fala no poema com a pessoa do poeta que o escreveu. Para fazer essa distinção, o *eu* do texto costuma ser designado geralmente como *eu lírico* ou *eu poético*. Mas essa denominação pode variar muito, mesmo entre os críticos literários, que nem sempre usam essas expressões. O importante é ter consciência dessa distinção para que não se imagine que tudo o que um poeta escreve é autobiográfico.

Como é um verso tradicional e popular na poesia portuguesa, é também conhecido como *medida velha*.

Camões escreveu muitas poesias usando esse tipo de verso. Nas páginas seguintes, veremos algumas delas.

## Sílaba poética

Ao se fazer a separação das sílabas poéticas, deve-se levar em conta o ritmo das palavras e não a divisão silábica gramatical. Para estabelecer a métrica, isto é, a medida dos versos, considera-se apenas até a última sílaba tônica, aquela que é pronunciada mais fortemente. Veja este exemplo com um famoso verso do poeta brasileiro Gonçalves Dias:

"Minha terra tem palmeiras"
Mi - nha - ter- ra - tem - pal - mei = verso de 7 sílabas
 1      2      3      4      5      6      7

Por necessidade de ritmo, às vezes os poetas fazem a fusão de vogais no encontro de palavras. Veja como isso ocorre neste outro verso de Gonçalves Dias:

"Onde canta o sabiá"
On - de - can - ta o - sa - bi - á = verso de 7 sílabas
 1      2      3      4         5     6    7

Observe que, na 4ª sílaba, *ta* e *o* são pronunciadas de uma só vez, formando apenas uma sílaba poética.

# 1
## Na fonte está Lianor
*Cantiga Alheia*[1]

Na fonte está Lianor
Lavando a talha e chorando,
Às amigas perguntando:
– Vistes lá o meu amor?
*Voltas*
Posto o pensamento nele,
Porque a tudo o amor obriga,
Cantava, mas a cantiga
Eram suspiros por ele.
Nisto estava Lianor
O seu desejo enganando,
Às amigas perguntando:
– Vistes lá o meu amor?
O rosto sobre uma mão,
Os olhos no chão pregados,
Que, do chorar já cansados,
Algum descanso lhe dão.
Desta sorte[2] Lianor
Suspende de quando em quando
Sua dor; e, em si tornando,
Mais pesada sente a dor.
Não deita[3] dos olhos água,
Que não quer que a dor se abrande[4]
Amor, porque, em mágoa grande,
Seca as lágrimas a mágoa.

---

1  Todos os textos de Camões transcritos neste livro têm como base a edição preparada por Antônio Salgado Júnior para a Editora Aguilar. Em vista dos objetivos desta publicação, tomou-se a liberdade de atualizar a ortografia de várias palavras desde que o valor rítmico e estilístico do verso não ficasse prejudicado (N. do A.).

2  Sorte: forma.

3  Deita: verte, derrama.

4  Abrande: acalme.

Depois que de seu amor
Soube, novas[1] perguntando,
De improviso[2] a vi chorando.
Olhai que extremos de dor!

\*

Nesta redondilha, o poeta fala de um tema muito comum na vida de todos: as saudades da pessoa amada. Uma jovem do povo está numa fonte, lavando sua talha, uma espécie de vaso grande para armazenar água. Ansiosa para rever seu namorado, fica perguntando às amigas: "vocês viram meu amor?".

Sem notícias do namorado, a jovem Lianor sofre de saudades. Repare que em apenas dois versos — "O rosto sobre uma mão / os olhos no chão pregados" — o poeta nos faz visualizar a tristeza e o abatimento de Lianor. Vive a suspirar e ora se põe a chorar — "os olhos no chão pregados / que, do chorar já cansados" —, ora segura as lágrimas — "não deita dos olhos água". Mas, ao ter notícias do amado, de repente se põe a chorar novamente, mas agora as lágrimas são de alegria, não de tristeza.

> Os versos apresentados antes da poesia (chamados de *mote* ou *cantiga alheia*) são geralmente tomados da tradição popular e funcionam como ponto de partida para o desenvolvimento pessoal do poeta nas *voltas*, que constituem a poesia propriamente dita. Cria-se assim uma espécie de diálogo intertextual entre o mote e os versos do poeta. Mas nem todas as redondilhas apresentam essa estrutura.

---

1    Novas: notícias.
2    De improviso: de repente.

## 2

**Quem ora soubesse**
**Onde o Amor nasce,**
**Que o semeasse!**

*Mote*

Quem ora soubesse
Onde o Amor nasce,
Que o semeasse!

*Voltas*

De Amor e seus danos
Me fiz lavrador;
Semeava amor
E colhia enganos[1].
Não vi, em meus anos,
Homem que apanhasse[2]
O que semeasse.

Vi terra florida
De lindos abrolhos[3],
Lindos para os olhos,
Duros para a vida.
Mas a rês perdida
Que tal erva pasce[4]
Em forte hora[5] nasce.

Com quanto perdi,
Trabalhava em vão;
Se semeei grão,
Grande dor colhi.

---

1 Enganos: desilusões.
2 Apanhasse: colhesse.
3 Abrolhos: plantas com espinhos.
4 Pasce: pasta, se alimenta.
5 Em forte hora: em má hora.

Amor nunca vi
Que muito durasse,
Que não magoasse[1].

*

Será que o amor só traz mágoa e infelicidade? É sobre isso que fala o poeta nesta redondilha. Ele se imagina um "plantador de amor", mas, na hora da colheita, só obtém dores e mágoas. Será que amor sempre rima com dor? Observe que, na segunda estrofe, o poeta usa o exemplo dos abrolhos para ilustrar o ditado "as aparências enganam": essas plantas são bonitas, mas têm espinhos que ferem. Por isso, se um animal as comesse, sofreria. Assim seria o amor no coração humano: aparentemente lindo, mas capaz de causar dores e sofrimentos.

ABROLHOS: BONITAS, MAS PERIGOSAS.

---

1  Magoasse: ferisse, machucasse.

**3**
**Os bons vi sempre passar**
**No mundo graves tormentos**

Os bons vi sempre passar
No mundo graves tormentos;
E para mais me espantar,
Os maus vi sempre nadar
Em mar de contentamentos.
Cuidando alcançar assim
O bem tão mal ordenado,
Fui mau, mas fui castigado.
Assim que, só para mim,
Anda o mundo concertado.

\*

Nesta redondilha, o poeta faz uma reflexão sobre a vida e conclui que o mundo parece desconcertado, pois muita gente boa sofre, enquanto pessoas más são felizes. Para acabar com seu sofrimento, resolveu então deixar de ser bom para ser feliz. Mas será que isso deu certo?

# 4

**Não sei se me engana Helena,**
**Se Maria, se Joana;**
**Não sei qual delas me engana**

*Mote*

Não sei se me engana Helena,
Se Maria, se Joana;
Não sei qual delas me engana.

*Voltas*

Uma diz que me quer bem,
Outra jura que me quer;
Mas em jura de mulher
Quem crerá, se elas não creem?
Não posso, não, crer a Helena,
A Maria, nem Joana:
Mas não sei qual mais me engana.

Uma faz-me juramentos
Que só meu amor estima;
A outra diz que se fina[1];
Joana, que bebe os ventos[2].
Se cuido[3] que mente Helena,
Também mentirá Joana;
Mas quem mente não me engana.

\*

Como saber se um juramento de amor é sincero? O poeta se vê envolvido com três mulheres, mas não sabe se o que elas dizem é verdade ou mentira. Será que está sendo enganado por todas elas?

---

1    Diz que se fina: **diz que morre por mim.**
2    Que bebe os ventos: **que faz o impossível por mim.**
3    Cuido: **acho, creio.**

## A medida nova: sonetos

Essa forma de poema é originária da Itália, onde surgiu no século XIII. Foi cultivada por muitos autores, entre eles Francesco Petrarca (1304-1374), importante poeta lírico italiano, muito lido e apreciado por Camões.

A seguir, alguns dos sonetos mais famosos de Camões.

FRANCESCO PETRARCA COM UMA COROA DE LOUROS, ORNAMENTO QUE SIMBOLIZA O RECONHECIMENTO DE SEU TALENTO POÉTICO.

# 1
## Amor é um fogo que arde sem se ver

Amor é um fogo que arde sem se ver;
É ferida que dói e não se sente;
É um contentamento descontente;
É dor que desatina[1] sem doer;

É um não querer mais que bem querer;
É um andar solitário por entre a gente;
É nunca contentar-se de contente;
É um cuidar que ganha em se perder;

É querer estar preso por vontade;
É servir a quem vence, o vencedor[2];
É ter com quem nos mata lealdade[3].

Mas como causar pode seu favor[4]
Nos corações humanos amizade[5],
Se tão contrário a si é o mesmo Amor?

\*

O que é o amor? Será possível defini-lo? Nesse famoso soneto, o poeta faz um reflexão sobre as contradições que nos afetam quando estamos sob a influência do amor. Observe que o soneto é construído com base num jogo de ideias e sentimentos contrários. E termina com uma pergunta que mostra o espanto do poeta diante da impossibilidade de explicar a atração amorosa: como o amor pode causar afeto ou amizade nos corações humanos, se é um sentimento tão contraditório, tão contrário a si mesmo?

> Há duas figuras de linguagem muito usadas em poesia para exprimir ideias contrárias: a antítese e o oxímoro. A antítese consiste na aproximação de ideias opostas ou contrastantes. Quando essa oposição é reforçada com a associação de ideias completamente antagônicas, temos um oxímoro. Por isso, podemos dizer que esse soneto é construído com base em oxímoros.

---

1 Desatina: enlouquece.
2 É servir a quem vence, o vencedor: ou seja, o vencedor deve servir aquele que ele venceu, se submeter ao vencido.
3 É ter com quem nos mata lealdade: ou seja, ser leal com quem nos mata.
4 Favor: presença, efeito.
5 Amizade: afeto.

## 2
## Alma minha gentil que te partiste

Alma minha gentil[1], que te partiste
Tão cedo desta vida[2], descontente,
Repousa lá no Céu eternamente
E viva eu cá na terra sempre triste.

Se lá no assento etéreo[3], onde subiste,
Memória[4] desta vida se consente,
Não te esqueças daquele amor ardente
Que já nos olhos meus tão puro viste.

E se vires que pode merecer-te
Alguma coisa a dor que me ficou[5]
Da mágoa, sem remédio[6], de perder-te,

Roga[7] a Deus, que teus anos encurtou,
Que tão cedo de cá me leve a ver-te,
Quão cedo de meus olhos te levou.

*

Esse soneto sobre a dor da morte da mulher amada tem uma provável ligação com a vida de Camões. Diz a tradição que, nesses versos, ele lamenta a morte num naufrágio de uma jovem asiática chamada Dinamene, por quem ele estaria apaixonado.

Independentemente de ser ou não uma triste lembrança de sua amada, o poeta traduz nesses versos um sentimento universal que emociona até hoje, tantos séculos depois.

Veja que ele abre o soneto dizendo que está morto em vida, pois a amada era a sua alma: "Alma minha gentil, que te partiste". Por isso, diz ele que se lá onde ela agora está é permitido ter uma lembrança desta vida terrestre — "Se lá no

---

1    Gentil: **formosa**.
2    Que te partiste / Tão cedo desta vida: **que morreste**.
3    Etéreo: **celestial**.
4    Memória: **lembrança, recordação**.
5    E se vires que pode merecer-te / Alguma coisa a dor que me ficou: **se vires que tem algum merecimento a dor que me ficou**.
6    Sem remédio: **sem consolo**.
7    Roga: **implora, suplica**.

37

assento etéreo, onde subiste, / Memória desta vida se consente" —, que não se esqueça daquele "amor ardente / que já nos olhos meus tão puro viste". Além disso, se a dor que ele sente tem algum merecimento, pede que ela implore a Deus que o leve também — "Que tão cedo de cá me leve a ver-te" —, para poderem estar lado a lado no assento etéreo, isto é, no céu.

### 3
### Ah! minha Dinamene! Assim deixaste

Ah! minha Dinamene! Assim deixaste
Quem não deixara nunca de querer-te!
Ah! Ninfa[1] minha, já não posso ver-te,
Tão asinha[2] esta vida desprezaste!

Como já para sempre te apartaste
De quem tão longe estava de perder-te?[3]
Puderam estas ondas defender-te[4]
Que não visses quem tanto magoaste?

Nem falar-te somente a dura[5] Morte
Me deixou, que tão cedo o negro manto
Em teus olhos deitado consentiste!

Oh mar! oh céu! oh minha escura sorte[6]!
Que pena[7] sentirei que valha tanto,
Que inda[8] tenha por pouco viver triste?

\*

O vazio deixado pela triste e súbita partida do ser amado é o tema deste outro soneto dedicado explicitamente a Dinamene, em que o poeta parece desesperado com a morte dela.

---

1   Ninfa: **o poeta compara sua amada às formosas jovens da mitologia greco-romana que viviam nas águas e nos bosques.**
2   Asinha: **depressa.**
3   Como já para sempre te apartaste / De quem tão longe estava de perder-te?: **Como tão de repente te separaste para sempre de quem tão longe estava de imaginar que pudesse perder-te?**
4   Defender-te: **proibir-te, impedir-te.**
5   Dura: **cruel.**
6   Escura sorte: **triste destino.**
7   Pena: **sofrimento, dor.**
8   Inda: **ainda.**

Foi tudo tão repentino, que nem puderam despedir-se. Suas perguntas não têm respostas e sua aflição se revela no tom exclamativo de muitos versos (observe o constante uso de frases interrogativas e exclamativas). O tom emocional desse soneto contrasta com o reflexivo do anterior, que também trata da morte da amada. E o poeta fecha o soneto, temendo que ainda tenha muito que sofrer com a ausência de sua querida Dinamene.

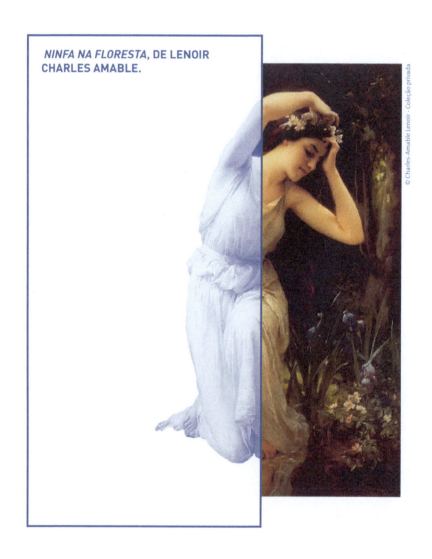

*NINFA NA FLORESTA*, DE LENOIR CHARLES AMABLE.

# 4
## Sete anos de pastor Jacó servia

Sete anos de pastor Jacó servia
Labão[1], pai de Raquel, serrana[2] bela;
Mas não servia ao pai, servia a ela,
E a ela só por prêmio pretendia.

Os dias, na esperança de um só dia,
Passava, contentando-se com vê-la;
Porém o pai, usando de cautela[3],
Em lugar de Raquel lhe dava Lia.

Vendo o triste pastor que com enganos
Lhe fora assim negada a sua pastora,
Como se a não tivera merecida[4];

Começa de servir outros sete anos,
Dizendo: "Mais servira[5], se não fora[6]
Para tão longo amor tão curta a vida!"

*

Camões aproveita uma história contada na Bíblia para criar um belo soneto sobre a constância do amor, um amor fiel e ardente que desconhece o passar do tempo.

Jacó era um jovem pastor que se apaixonou por Raquel, uma linda pastora, filha de Labão. Para obter o consentimento de casar-se com ela, Jacó se dispôs a trabalhar sete anos para Labão. Raquel, porém, era a filha mais nova e sua irmã mais velha, Lia, ainda estava solteira. Segundo a tradição, a mais nova não poderia se casar antes da outra. Por isso, Labão enganou Jacó e, na noite do casamento, tro-

---

1 Sete anos de pastor Jacó servia / Labão: **Por sete anos, Jacó servia Labão como pastor.**
2 Serrana: **moça que vive nas serras, nos campos.**
3 Cautela: **malícia, esperteza.**
4 Tivera merecida: **tivesse merecido.**
5 Servira: **serviria.**
6 Fora: **fosse.**

cou Raquel por Lia. Jacó ficou furioso mas não pôde fazer nada, a não ser prometer trabalhar mais sete anos para Labão para ter o direito de casar-se com Raquel, o que finalmente acabou acontecendo.

*JACÓ E RAQUEL*, DE WILLIAM DYCE.

# 5
## Coitado! que em um tempo choro e rio

Coitado! que em um tempo[1] choro e rio;
Espero e temo, quero e aborreço[2];
Juntamente me alegro e entristeço;
De uma coisa confio e desconfio.

Voo sem asas; estou cego e guio;
E no que valho mais menos mereço.
Calo e dou vozes, falo e emudeço[3],
Nada me contradiz, e eu porfio[4].

Queria, se ser pudesse[5], o impossível;
Queria poder mudar-me e estar quedo[6];
Usar de liberdade e ser cativo[7];

Queria que visto fosse e invisível;
Queria desenredar-me[8] e mais me enredo[9]:
Tais os extremos[10] em que triste vivo!

\*

Quem nunca se sentiu assim, como uma verdadeira contradição ambulante, querendo mil coisas diferentes e opostas ao mesmo tempo?

Neste soneto, o poeta fala dos sentimentos e impulsos contraditórios da alma humana, dos redemoinhos que parecem existir dentro de nós. É um soneto feito de exclamações e antíteses, pois a análise racional e equilibrada não parece ser o meio adequado para exprimir o que vai no interior do ser humano.

Compare com o soneto *Amor é um fogo que arde sem se ver* e perceba os pontos em comum que há entre eles.

1    Em um tempo: ao mesmo tempo.
2    Aborreço: detesto.
3    Emudeço: fico mudo.
4    Porfio: discuto, brigo.
5    Se ser pudesse: se pudesse ser.
6    Quedo (ê): imóvel, parado.
7    Cativo: prisioneiro.
8    Desenredar-me: desembaraçar-me.
9    Me enredo: me embaraço.
10   Extremos: opostos.

*RETRATO DE SIMONETA VESPUCCI*, DE SANDRO BOTTICELLI: ESSA JOVEM SERVIU DE MODELO PARA VÁRIAS PINTURAS DE BOTTICELLI E FOI CONSIDERADA UMA DAS MULHERES MAIS BELAS DA ÉPOCA DO RENASCIMENTO.

# 6
## De quantas graças tinha, a Natureza

De quantas graças[1] tinha, a Natureza
Fez um belo e riquíssimo tesouro;
E com rubis e rosas, neve e ouro,
Formou sublime e angélica[2] beleza.

Pôs na boca os rubis, e na pureza
Do belo rosto as rosas, por quem mouro[3];
No cabelo o valor do metal louro[4];
No peito a neve, em que a alma tenho acesa[5].

Mas nos olhos mostrou quanto podia,
E fez deles um sol, onde se apura[6]
A luz mais clara que a do claro dia.

Enfim, Senhora, em vossa compostura[7],
Ela a apurar chegou quanto sabia[8]
De ouro, rosas, rubis, neve e luz pura.

*

A descrição da mulher amada como uma obra perfeita da natureza foi um tema comum no Classicismo. Rosto, cabelos, olhos e lábios são associados a elementos preciosos da natureza, como flores delicadas e coloridas, ouro, prata, pedras preciosas. Essas descrições dão à mulher um ar de majestade, de ser puro e divino que fascina o poeta. Afinal, quando estamos apaixonados, o ser amado sempre parece ter um rosto muito especial, único, que se destaca da multidão.

---

1   Graças: **bens.**
2   Angélica: **angelical; própria dos anjos.**
3   Por quem mouro: **por quem morro de amores.**
4   Metal louro: **ouro.**
5   No peito a neve, em que a alma tenho acesa: **no peito, o branco da neve que incendeia minha alma.**
6   Apura: **refina, purifica.**
7   Compostura: **composição.**
8   Ela a apurar chegou quanto sabia: **a natureza chegou a refinar o tanto quanto era possível.**

# 7

## O dia em que eu nasci moura e pereça

O dia em que eu nasci moura[1] e pereça[2],
Não o queira jamais o tempo dar[3];
Não torne mais ao mundo[4], e, se tornar,
Eclipse nesse passo o Sol padeça[5].

A luz lhe falte, o Sol se lhe escureça,
Mostre o mundo sinais de se acabar,
Nasçam-lhe monstros, sangue chova o ar
A mãe ao próprio filho não conheça.

As pessoas pasmadas, de ignorantes[6],
As lágrimas no rosto, a cor perdida[7],
Cuidem[8] que o mundo já se destruiu.

Ó gente temerosa[9], não te espantes,
Que este dia deitou ao mundo[10] a vida
Mais desgraçada que jamais se viu!

\*

Neste soneto desesperançado, o poeta expressa seu desejo de que nunca mais o mundo veja uma vida tão desgraçada como a dele. E se isso acontecer, que a própria natureza se revolte, produzindo catástrofes e monstros. A racionalidade do Classicismo cede lugar à explosão emocional de um eu lírico desesperado com as aflições da vida.

---

1   Moura: **morra.**
2   Pereça: **morra, desapareça.**
3   Não o queira jamais o tempo dar: **não se repita jamais no futuro.**
4   Não torne mais ao mundo: **nunca mais ocorra.**
5   Padeça: **sofra.**
6   Pasmadas, de ignorantes: **espantadas por ignorarem as causas.**
7   A cor perdida: **pálidas de medo.**
8   Cuidem: **pensem.**
9   Temerosa: **que sente medo ou temor.**
10  Deitou ao mundo: **veio ao mundo.**

## 8
**Mudam-se os tempos, mudam-se as vontades**

Mudam-se os tempos, mudam-se as vontades,
    Muda-se o ser, muda-se a confiança;
    Todo o mundo é composto de mudança,
    Tomando sempre novas qualidades.

    Continuamente vemos novidades,
    Diferentes em tudo da esperança;
    Do mal ficam as mágoas na lembrança,
    E do bem, se algum houve, as saudades.

    O tempo cobre o chão de verde manto,
    Que já coberto foi de neve fria,
    E em mim converte em choro o doce canto.

    E, afora este mudar-se[1] cada dia,
    Outra mudança faz de mor[2] espanto,
    Que não se muda já como soía[3].

*

Não se entra duas vezes no mesmo rio, dizia um filósofo antigo, pois a água está sempre em movimento e o rio nunca é o mesmo. E assim como ocorre com a natureza, que está em transformação constante, mudando continuamente sua aparência — "O tempo cobre o chão de verde manto, / Que já coberto foi de neve fria" —, o nosso mundo interior também reflete essa mudança ininterrupta.

Mas, para desespero do poeta, algo acontece com ele: os prazeres e alegrias transformam-se em lágrimas — "E em mim converte em choro o doce canto" — mas não variam mais como antes — "não se muda já como soía". O poeta parece indagar, angustiado: por que as tristezas não mais se alternam com as alegrias?

---

1   Afora este mudar-se: **além desta mudança.**
2   Mor: **maior.**
3   Soía: **costumava.**

## 9
### Busque Amor novas artes, novo engenho

Busque Amor novas artes[1], novo engenho,
Para matar-me, e novas esquivanças[2];
Que não pode tirar-me as esperanças,
Que mal me tirará o que eu não tenho[3].

Olhai de que esperanças me mantenho!
Vede que perigosas seguranças!
Que não temo contrastes nem mudanças,
Andando em bravo mar, perdido o lenho[4].

Mas, conquanto[5] não pode haver desgosto
Onde esperança falta, lá me esconde
Amor um mal, que mata e não se vê.

Que dias há[6] que na alma me tem posto
Um não sei quê, que nasce não sei onde,
Vem não sei como, e dói não sei por quê.

\*

O poeta parece ter experimentado todas as formas de sofrimento amoroso. Por isso, desafia o amor a buscar novas formas de torturá-lo, pois não tem mais esperanças de ser feliz — "que não pode tirar-me as esperanças, / que mal me tirará o que eu não tenho".

Por isso, usa da ironia na segunda estrofe, para mostrar que o amor não pode mais fazê-lo sofrer, já que não alimenta mais esperanças. Apesar disso, não consegue ficar em paz, pois alguma coisa acontece no seu interior. O amor ainda consegue penetrar em sua alma — "lá me esconde / Amor um mal, que mata e não

---

1   Artes: artimanhas, artifícios enganosos.
2   Esquivanças: maldades, crueldades.
3   Que mal me tirará o que eu não tenho: pois mal me tirará o que eu não tenho, que são as esperanças.
4   Lenho: madeira, representando o navio perdido no mar bravo, tempestuoso.
5   Conquanto: embora.
6   Que dias há: pois há dias.

se vê". E como é esse sentimento? Algo perturbador que ele não consegue definir, como expressa nos últimos dois versos.

Na Antiguidade greco-romana, o Amor ou Cupido, filho da deusa Vênus, era representado por um menino de asas, munido de arco e flechas, com as quais vivia perturbando os corações humanos. Quem fosse atingido pelas suas setas apaixonava-se perdidamente. Camões, nos primeiros versos, faz referência a isso. Observe: "Busque Amor novas artes, novo engenho, / Para matar-me", isto é, matar-me de amor.
O Cupido foi muitas vezes representado na história da arte.

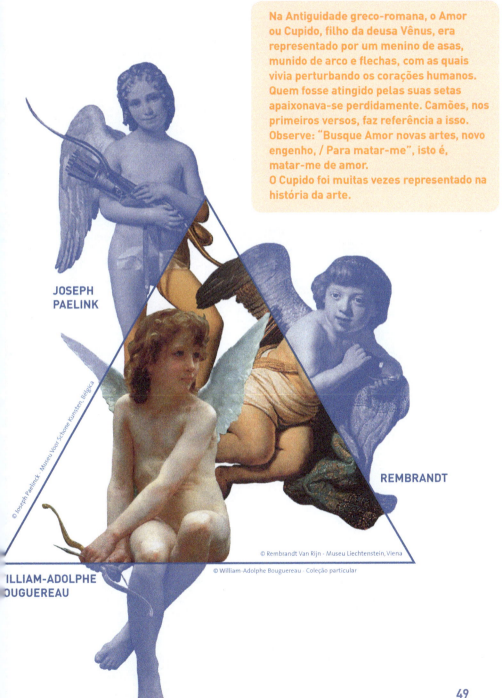

JOSEPH PAELINK

REMBRANDT

WILLIAM-ADOLPHE BOUGUEREAU

© Joseph Paelink - Museu Voor Schone Kunsten, Bélgica
© Rembrandt Van Rijn - Museu Liechtenstein, Viena
© William-Adolphe Bouguereau - Coleção particular

49

## 10
### Quando o sol encoberto vai mostrando

Quando o sol encoberto vai mostrando
Ao mundo a luz quieta e duvidosa[1],
Ao longo de uma praia deleitosa[2]
Vou na minha inimiga[3] imaginando.

Aqui a vi os cabelos concertando[4];
Ali com a mão na face, tão formosa;
Aqui falando alegre, ali cuidosa[5];
Agora estando queda[6], agora andando.

Aqui esteve sentada, ali me viu,
Erguendo aqueles olhos, tão isentos[7];
Aqui movida[8] um pouco, ali segura[9];

Aqui se entristeceu, ali se riu...
Enfim, nestes cansados pensamentos
Passo esta vida vã[10], que sempre dura.

\*

Quando a saudade aperta, lembramos de cada gesto da pessoa amada, como se a estivéssemos vendo. É isso que faz o poeta neste soneto: à beira-mar, na hora do pôr do sol, a beleza da natureza traz à sua mente a imagem da amada. Ele começa a pensar nela e parece que a vê arrumar os cabelos, andar, falar, ficar séria, alegrar-se... Mas nos dois últimos versos, as recordações se interrompem e o poeta volta à triste realidade de sua vida vã, em que do amor só restaram as lembranças.

---

1   A luz quieta e duvidosa: **a luz do crepúsculo, do pôr do sol.**
2   Praia deleitosa: **praia agradável, onde é bom estar.**
3   Inimiga: **amada; muitas vezes, a palavra inimiga designa, simplesmente, a amada, pois se ela era a mulher querida, era também aquela que fazia sofrer.**
4   Concertando: **arrumando.**
5   Cuidosa: **pensativa.**
6   Queda (ê): **quieta.**
7   Isentos: **puros.**
8   Movida: **insegura.**
9   Segura: **tranquila.**
10  Vã: **vazia, inútil.**

# A influência das ideias de Platão

Segundo o filósofo grego Platão (428-348 a.C.), há dois mundos: o *sensível* (onde ocorrem os fenômenos percebidos pelos sentidos humanos, que são falhos e ilusórios) e o *inteligível* (das Ideias puras e eternas). É esse último que atrai o nosso espírito. Mas como nasceu essa atração?

Para Platão, antes de ficar aprisionado num corpo, o espírito já teria habitado o mundo luminoso das Ideias, onde conheceu a Verdade. Ao "cair" no mundo terreno, ele guarda apenas reminiscências dessa existência anterior. Contudo, essas reminiscências fazem com que o espírito esteja sempre voltado para aquele mundo inteligível. Mas as paixões humanas e as sensações físicas tendem a desviá-lo dessa busca. Por isso, apenas a parte racional ou mental do homem é considerada nobre. As sensações e os prazeres carnais não podem ter o controle do comportamento, devendo ficar subordinados à razão.

A filosofia idealista de Platão teve grande repercussão no Ocidente. Mas a interpretação de suas ideias sofreu influências do Cristianismo. O "Mundo das Ideias", o reino da Verdade absoluta, acabou sendo geralmente associado ao céu cristão. De qualquer forma, seu pensamento marcou bastante a cultura do Renascimento, sendo visível em muitos textos de Camões. Observe, por exemplo, no fragmento deste poema:

**Babel e Sião**

Mas, ó tu, terra de Glória,
Se eu nunca vi tua essência,
Como me lembrais na ausência?
Não me lembras na memória,
Senão na reminiscência.
(...)
Não é logo a saudade
Das terras onde nasceu
A carne, mas é do Céu,
Daquela santa Cidade
De onde esta alma descendeu.

PLATÃO.

# O amor platônico e a idealização da mulher

As ideias de Platão influenciaram a concepção de amor expressa pelos poetas do Renascimento, e Camões é um bom exemplo disso. Em muitos de seus poemas, a mulher é vista como um ser superior, encarnação, no mundo terreno, do Amor, com A maiúsculo, para representar o Amor Absoluto, que é puro e livre das paixões carnais e cuja essência reside num mundo eterno e perfeito. Daí a atitude de submissão e enlevo do *eu lírico* em relação à mulher, pois é ela que lhe permite vislumbrar o que seria esse Amor. Essa forma literária de expressão do amor é geralmente conhecida como *platonismo amoroso*.

Veja este exemplo: um soneto de Camões em que se percebe que essa idealização amorosa nem sempre é capaz de aquietar o desejo de viver um amor concreto.

Transforma-se o amador na coisa amada,
Por virtude do muito imaginar[1];
Não tenho, logo, mais que desejar,
Pois em mim tenho a parte desejada.

Se nela está minha alma transformada,
Que mais deseja o corpo de alcançar?
Em si somente pode descansar,
Pois consigo tal alma está liada[2].

Mas esta linda e pura semideia[3],
Que, como o acidente em seu sujeito[4],
Assim com a alma minha se conforma[5],

Está no pensamento como ideia:
e o vivo e puro amor de que sou feito,
como a matéria simples busca a forma.

\*

---

1   Por virtude do muito imaginar: **em consequência da força da imaginação.**
2   Liada: **ligada, unida.**
3   Semideia: **semideusa.**
4   Como o acidente em seu sujeito: **como algo que pode mudar a natureza de uma coisa.**
5   Se conforma: **se harmoniza, se amolda.**

Nas duas primeiras estrofes, o poeta expressa claramente a idealização platônica da mulher: a união com a amada realiza-se no plano do pensamento, da contemplação. As duas almas ficam assim ligadas. O poeta transforma-se na coisa amada, muda sua própria natureza.

No entanto, nos tercetos, o poeta revela que essa semideusa está muito distante, apresentando-se ao pensamento apenas como ideia. Suas almas se conformam, isto é, adquirem a mesma forma, se amoldam uma à outra, mas ele a deseja. Seu "vivo e puro amor" busca também a realização física, "como a matéria simples busca a forma".

### Amor platônico hoje em dia

A ideia popular que temos atualmente do chamado "amor platônico" é diferente da concepção original de Platão. Para nós significa basicamente amor à distância, um desejo de adorar e servir a pessoa amada, mas sem nenhum contato físico. Esse amor platônico é quase sempre secreto e exclusivo de um dos amantes.

# 5
# A POESIA ÉPICA DE CAMÕES:
## *OS LUSÍADAS*

# O GÊNERO ÉPICO
# E AS EPOPEIAS ANTIGAS

*Os lusíadas* é o mais importante poema épico do Classicismo.

O gênero épico remonta à Antiguidade e é representado pela epopeia, uma longa narrativa, em versos, das façanhas dos heróis. Nessas narrativas, que se passam em tempos míticos, estão presentes também deuses e deusas, que intervêm nas histórias, que eram transmitidas oralmente, de geração para geração.

No mundo greco-romano, as epopeias mais famosas são *Odisseia* e *Ilíada*, atribuídas a Homero, um poeta que teria vivido no século VIII a.C., e *Eneida*, escrita pelo poeta latino Virgílio (70-19 a.C.).

A *Odisseia* conta as aventuras do guerreiro grego Ulisses, às voltas em combates contra monstros, feiticeiras e gigantes. A *Ilíada* tem como assunto as façanhas do herói Aquiles durante a guerra de Troia. A *Eneida* é um poema que tem como personagem central o guerreiro Eneias, que, escapando com a família da destruição de Troia pelos gregos, viaja pelo Mediterrâneo, enfrenta mil perigos e chega ao litoral da Itália, sendo um dos fundadores míticos de Roma.

O HERÓI AQUILES INTERPRETADO POR BRAD PITT NO FILME *TROIA*, DE 2004.

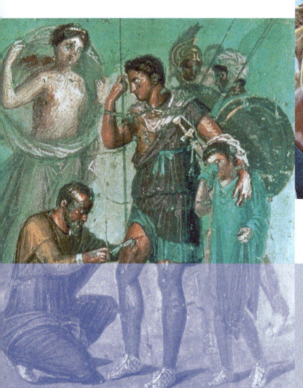

PINTURA EM PAREDE, DO SÉCULO I A.C., QUE MOSTRA UM EPISÓDIO DO POEMA *ENEIDA*: ENEIAS, FERIDO POR UMA FLECHA, É CURADO PELO MÉDICO. ATUALMENTE NO MUSEU ARQUEOLÓGICO NACIONAL DE NÁPOLES.

## As grandes navegações portuguesas

O desenvolvimento do Classicismo português, no século XVI, ocorreu em parte durante um período bastante importante e movimentado da história: o das grandes navegações oceânicas portuguesas.

No mapa é possível visualizar o quanto essas viagens chegaram longe: nele estão marcadas as rotas percorridas por Bartolomeu Dias (1487-1488), Vasco da Gama (1497-1499) e Pedro Álvares Cabral (1500-1501).

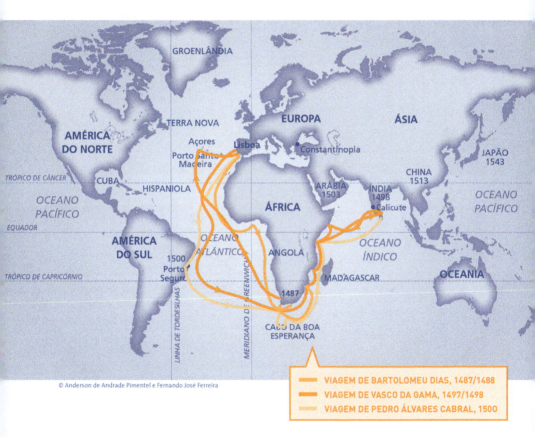

© Anderson de Andrade Pimentel e Fernando José Ferreira

- VIAGEM DE BARTOLOMEU DIAS, 1487/1488
- VIAGEM DE VASCO DA GAMA, 1497/1498
- VIAGEM DE PEDRO ÁLVARES CABRAL, 1500

Também é dessa época a construção do Mosteiro dos Jerônimos, em Lisboa, Portugal, um dos mais belos prédios do período. Encomendado pelo rei D. Manuel I para celebrar o sucesso da descoberta do caminho para as Índias por Vasco da Gama, foi em grande parte financiado pelos lucros do comércio das especiarias e construído ao longo do século XVI. Nele estão enterrados membros da família real portuguesa e o próprio navegador Vasco da Gama.

MOSTEIRO DOS JERÔNIMOS

No século XX foi construído o Monumento aos Descobrimentos, em homenagem aos navegadores que partiram nas viagens oceânicas da época do Renascimento. Lá estão representados Vasco da Gama, Pedro Álvares Cabral e Camões.

Camões

O poeta português Fernando Pessoa (1888-1935), em seu livro *Mensagem*, referiu-se liricamente ao período das navegações. No poema abaixo, ele fala do sacrifício que custou a aventura da conquista dos mares.

### Mar português

Ó mar salgado, quanto do teu sal
São lágrimas de Portugal!
Por te cruzarmos, quantas mães choraram,
Quantos filhos em vão rezaram!
Quantas noivas ficaram por casar
Para que fosses nosso, ó mar!
Valeu a pena? Tudo vale a pena
Se a alma não é pequena.
Quem quer passar além do Bojador[1],
Tem que passar além da dor.
Deus ao mar o perigo e o abismo deu,
Mas nele é que espelhou o céu.

---

1 **Bojador:** nome de um cabo na costa da África. Durante muito tempo foi um limite para os navegantes portugueses, que não ousavam ir adiante.

# *Os lusíadas* e as conquistas portuguesas

As conquistas ultramarinas, as viagens por mares desconhecidos, a descoberta de novas terras, o encontro com povos de costumes diferentes — toda essa nova dimensão da vida portuguesa pedia uma expressão poética à altura, e quem a realizou foi Camões, em seu poema épico *Os lusíadas*[1], publicado em 1572.

Tomando como assunto central um fato que era recente na história portuguesa — a viagem de Vasco da Gama às Índias (1497-1498) —, Camões faz desse navegador um símbolo da coletividade lusitana, exaltando a glória das conquistas militares, os novos reinos formados e o ideal de expansão da fé católica pelo mundo. Mas ao chegar ao fim do poema, porém, revela um certo desânimo que contrasta com o entusiasmo inicial. Comparado à glória passada, o presente da nação já não era merecedor de elogios, pois o poeta a vê "metida / no gosto da cobiça e na rudeza / de uma austera, apagada e vil tristeza".

> O experiente Camões sabia que o homem é um ser poderoso, capaz de grandes façanhas, mas, ainda assim, não passa de "um bicho da terra tão pequeno", que sofre uma vida breve e atormentada, como escreveu nesta estrofe de *Os lusíadas*:
>
> No mar tanta tormenta e tanto dano,
> Tantas vezes a morte apercebida!
> Na terra tanta guerra, tanto engano,
> Tanta necessidade aborrecida!
> Onde pode acolher-se um fraco humano,
> Onde terá segura a curta vida,
> Que não se arme e se indigne o Céu sereno
> Contra um bicho da terra tão pequeno?
>
> (*Os lusíadas*. Canto 1)

---

1 *Lusíadas:* palavra que designa os portugueses, que são também chamados de lusitanos, nome derivado de Lusitânia, dado pelos romanos quando dominaram essa região, de 29 a.C. até 411 d.C.

ESTÁTUA DE CAMÕES EM MACAU, CHINA.

## *Os lusíadas* e a mitologia: deuses, musas e ninfas

Assim como ocorria em outras formas de expressão artística, o uso da mitologia grega e latina também foi comum na literatura dessa época. É claro que essas figuras mitológicas — deuses, deusas, musas, ninfas etc. — eram apenas recursos artísticos, não havendo nenhuma intenção de se reviver o paganismo, principalmente numa época em que a Inquisição católica andava tão vigilante.

Vários deuses da mitologia greco-romana estão presentes em *Os lusíadas*, ajudando ou prejudicando os portugueses. Eles costumavam reunir-se no monte Olimpo, na Grécia, onde tomavam as principais decisões que afetavam a vida dos humanos.

### Quem eram esses deuses?

- **Júpiter** - nome latino de Zeus, senhor dos raios e deus supremo da mitologia grega.
- **Vênus** - filha de Júpiter, representa o amor, a atração sexual. Em grego, é chamada de Afrodite.
- **Baco** - filho de Júpiter, é o deus do vinho, das festas e da fecundidade. Equivale ao deus grego Dionísio.
- **Netuno** - irmão de Júpiter, é o deus dos mares, responsável pelas tempestades e naufrágios. Na mitologia grega, corresponde a Poseidon.
- **Marte** - filho de Júpiter, é o deus da guerra e dos combates. Seu nome grego é Ares.
- **Mercúrio** - deus que protege o comércio e os viajantes. É também o mensageiro dos deuses, particularmente de Júpiter, seu pai. Em grego, seu nome é Hermes.
- **Minerva** - filha de Júpiter, é a deusa da sabedoria e das artes. Seu nome grego é Atena.
- **Diana** - filha de Júpiter e irmã gêmea de Febo, é a deusa das florestas e dos animais selvagens. Em grego, chama-se Ártemis.
- **Juno** - irmã e depois esposa de Júpiter, é protetora do casamento e das mulheres casadas. Na mitologia grega, ela é Hera.
- **Febo** - filho de Júpiter, é um deus associado ao Sol e protetor das artes, da poesia e da música. É sempre representado como um deus jovem e formoso e corresponde ao deus grego Apolo.
- **Ceres** - irmã de Júpiter, é a deusa da fecundidade da terra e da agricultura. Em grego, seu nome é Deméter.

*PARNASSUS*, DE ANDREA MANTEGNA: VEMOS A REPRESENTAÇÃO DAS MUSAS DANÇANDO AO SOM DA LIRA DE APOLO. MERCÚRIO ESTÁ AO LADO DE PÉGASO, O CAVALO COM ASAS. A DANÇA É OBSERVADA DO ALTO POR VÊNUS E MARTE.

- **Vulcano** - filho de Júpiter, é o deus do fogo e protetor dos ferreiros e artesãos. Na mitologia grega, recebe o nome de Hefestos.
- **Plutão** - irmão de Júpiter, domina os mundos inferiores, reinando sobre os mortos. Em grego, é chamado de Hades.

As musas são figuras mitológicas que presidem às artes e às ciências. Filhas de Júpiter e de Mnemósine (ou Memória), costumavam divertir os deuses com cantos e danças, acompanhadas pela lira de Apolo. Elas inspiram os poetas e artistas em geral:

- **Clio** - musa da história, canta o passado dos homens e dos povos.
- **Euterpe** - musa da música, fascina homens e animais com o encanto da sua arte.
- **Tália** - musa da comédia, expõe o ridículo de todas as coisas.

63

NESTA PINTURA DE LUIGI SABATELLI, VEMOS OS DEUSES DO OLIMPO E VÁRIAS OUTRAS PERSONAGENS DA MITOLOGIA GREGA: NO ALTO, SENTADO NO TRONO, ZEUS, O DEUS SUPREMO (PALAZZO DEL TE, MÂNTUA).

© John William - Galeria de Arte de Manchester, Inglaterra

*HYLAS E AS NINFAS*, DE JOHN WILLIAM WATERHOUSE.

- **Melpómene** – musa da tragédia, canta o sofrimento e a morte.
- **Terpsícore** – musa da dança, dos ritmos.
- **Erato** – musa da poesia amorosa, canta os prazeres e as dores do amor.
- **Polímnia** – musa que inspira os poetas que cantam ao som da lira.
- **Urânia** – musa da astronomia, canta a beleza e a harmonia dos astros.
- **Calíope** – musa da poesia épica e da grande eloquência.

As ninfas, belas jovens que, na mitologia greco-romana, vivem nas águas e nos bosques, também são, às vezes, fonte de inspiração para os artistas. Camões invoca as ninfas do Rio Tejo logo no início de seu poema.

## *Os lusíadas* e as antigas epopeias clássicas

Assim como nos antigos poemas clássicos, em *Os lusíadas* várias figuras mitológicas participam da ação. No poema, cabe à deusa Vênus o papel de protetora dos portugueses. Ela os defende do deus Baco, que quer destruir a frota de Vasco da Gama. Por isso, nas horas do perigo, ela pede ajuda ao poderoso Júpiter, o deus mais poderoso.

O poema de Camões segue a estrutura das epopeias clássicas, mas apresenta alguns aspectos que o diferenciam, como a presença de episódios líricos sem nenhuma relação direta com o assunto central, que é a viagem de Vasco da Gama. São líricos o episódio em que se narra a trágica história de Inês de Castro, o episódio da Ilha dos Amores e parte do episódio do gigante Adamastor.

O fato de o poema não ter como herói uma individualidade, mas um ser coletivo (Vasco da Gama, na verdade, é antes um representante do povo português do que um herói individual), é mais um contraste em relação às obras clássicas. Outro aspecto diferenciador é que nos poemas de Homero e Virgílio temos heróis e aventuras de um tempo mítico, fora da história, enquanto que em *Os lusíadas* os episódios envolvendo os portugueses são historicamente datados.

## Estrutura dos cantos de *Os lusíadas*

O poema é composto de dez cantos, cada um formado por estrofes de oito versos. Todos os versos são decassílabos, isto é, possuem dez sílabas poéticas.

O poema se divide em cinco partes, de extensão desigual:
- **Proposição** – em que o poeta anuncia o assunto a ser desenvolvido.
- **Invocação** – em que o poeta pede às ninfas do rio Tejo que o inspirem.

- **Dedicatória** – em que o poeta oferece o poema ao rei D. Sebastião.
- **Narração** – em que o poeta narra as aventuras e os feitos portugueses; constitui a maior parte do poema.
- **Epílogo** – em que o poeta narra o fim da viagem e encerra o poema.

## Resumo dos cantos

### CANTO 1

Indicações do assunto que vai ser abordado (os feitos heroicos dos portugueses e a glorificação da nação). O poeta invoca as ninfas do Tejo e dedica o poema a D. Sebastião, exortando-o a tornar-se o terror dos mouros da África. Começa a narrativa descrevendo o concílio dos deuses, expondo o discurso de Júpiter, a oposição de Baco e a defesa que Vênus faz dos navegadores, com o apoio de Marte. Narra, em seguida, a entrada da frota no oceano Índico, a ancoragem perto de Moçambique, a partida para Quíloa e a chegada a Mombaça, onde Baco continua tramando contra a frota.

### CANTO 2

Narração da emboscada dos mouros e a intervenção de Vênus. A deusa pede a Júpiter que proteja os portugueses. Vasco da Gama vê em sonhos Mercúrio, que o aconselha a deixar Mombaça e partir para Melinde. Em Melinde, o rei hospeda gentilmente os portugueses, pedindo ao capitão que conte a história de Portugal, especialmente os feitos marítimos.

### CANTO 3

Vasco da Gama fala da história de Portugal, contando os principais fatos dos governos de D. Henrique, D. Afonso Henriques, D. Sancho I, D. Sancho II, D. Afonso III, D. Dinis e D. Afonso IV. Narra o episódio do assassinato de Inês de Castro.

### CANTO 4

Vasco da Gama relata os tumultos havidos em Portugal por ocasião do falecimento de D. Fernando. Destaca a figura de D. João I, mestre de Avis. Descreve o assassinato do conde de Andeiro e a intervenção dos reis de Castela. D. João I aconselha-se com os fidalgos, realçando-se a lealdade e o patriotismo de D. Nuno Álvares. Descreve a batalha de Aljubarrota e como D. Nuno foi pelejar no Alentejo e na Andaluzia. Narra o episódio do velho que, na praia do Restelo, critica a cobiça e a sede de conquista dos portugueses.

### CANTO 5

Vasco da Gama narra a partida de sua armada em 8 de julho de 1497. Descreve o avistamento do Cruzeiro do Sul, o fogo de santelmo e uma tromba marítima. Narra o episódio do gigante Adamastor, personificação do Cabo das Tormentas. Os tripulantes da armada são acometidos pelo escorbuto. Atingem Moçambique, Mombaça e Melinde.

### CANTO 6

Descrição das festas dadas pelo rei de Melinde aos portugueses. Continuação da viagem para a Índia. Baco procura destruir a frota. Narração do episódio dos Doze de Inglaterra e da tormenta que se abate sobre os navegantes. Vasco da Gama suplica ajuda e Vênus desce em socorro dos lusitanos. A frota aproxima-se de Calicute.

### CANTO 7

O poeta narra a chegada a Calicute e a recepção do rei, que envia um emissário para obter informações dos portugueses.

### CANTO 8

Paulo da Gama conta os feitos dos portugueses. Vasco da Gama é vítima de uma traição, mas consegue livrar-se do perigo.

### CANTO 9

Escapando dos perigos, a armada parte e chega à Ilha dos Amores, local de prazer e descanso que Vênus, auxiliada por Cupido, preparara para os lusitanos, como recompensa de seus padecimentos e trabalhos. Os marinheiros encontram as ninfas. A ninfa Tétis recebe Vasco da Gama.

### CANTO 10

Banquete oferecido aos navegantes. Tétis conduz Vasco da Gama a um monte, de onde lhe mostra um globo transparente que representa a máquina do mundo. Partida da Ilha dos Amores. Depois de descrever a chegada dos portugueses, o poeta queixa-se da decadência em que via sua pátria afundar-se e da indiferença pelas letras. Termina exortando o rei D. Sebastião à prática de ações sublimes e benignas.

# Trechos selecionados

## Proposição

O poeta declara o assunto do poema: vai cantar a viagem de Vasco da Gama à Índia e os feitos gloriosos dos navegantes e guerreiros portugueses. Vai cantar também a história dos reis que ampliaram o império e devastaram as terras onde não havia chegado o cristianismo. Seus feitos, diz ele, são ainda mais brilhantes do que os dos heróis do passado, cantados por Homero e Virgílio, pois são reais. Por isso, o poeta orgulhosamente ordena que se cale a Musa antiga, que não se fale mais nos antigos heróis, pois tinha surgido um herói ainda maior: o povo lusitano, ou, mais propriamente, a aristocracia portuguesa guerreira e conquistadora.

### CANTO 1
### estrofe 1

As armas e os Barões[1] assinalados[2],
Que, da Ocidental praia Lusitana,
Por mares nunca de antes navegados,
Passaram ainda além da Taprobana[3],
Em perigos e guerras esforçados[4],
Mais do que prometia a força humana,
E entre gente remota edificaram
Novo Reino[5], que tanto sublimaram[6];

> Observe que a estrofe apresenta o seguinte esquema de rimas: ABABABCC.
>
> ...assinalados - A
> ... Lusitana - B
> ... navegados - A
> ... Taprobana - B
> ... esforçados - A
> ... humana - B
> ... edificaram - C
> ... sublimaram – C
>
> Atenção: esse esquema de rimas se repete ao longo de todo o poema.

---

1 As armas e os Barões: os feitos militares e os varões, isto é, homens valorosos, com qualidades de força e coragem.
2 Assinalados: célebres, famosos.
3 Taprobana: ilha do oceano Índico, mais tarde chamada Ceilão, e hoje Sri Lanka. Com essa referência, o poeta destaca a amplidão das conquistas portuguesas, que alcançavam os pontos mais distantes do globo.
4 Esforçados: experimentados.
5 Novo Reino: alusão ao império português na Ásia.
6 Sublimaram: engrandeceram.

### estrofe 2

E também as memórias gloriosas[1]
Daqueles Reis que foram dilatando
A Fé[2], o Império, e as terras viciosas[3]
De África e de Ásia andaram devastando;
E aqueles, que por obras valorosas
Se vão da lei da Morte libertando[4];
Cantando espalharei por toda parte,
Se a tanto me ajudar o engenho[5] e arte[6].

### estrofe 3

Cessem do sábio Grego[7] e do Troiano[8]
As navegações grandes que fizeram;
Cale-se de Alexandre[9] e de Trajano[10]
A fama das vitórias que tiveram;
Que eu canto o peito ilustre Lusitano[11],
A quem Netuno e Marte obedeceram[12]:
Cesse tudo o que a Musa antiga canta[13],
Que outro valor mais alto se alevanta[14].

---

1 Memórias gloriosas: feitos gloriosos, memoráveis.
2 Dilatando / A Fé: ampliando os domínios da fé cristã.
3 Terras viciosas: alusão às terras africanas e asiáticas, que não eram cristãs e, por isso, são chamadas de "viciosas" pelo poeta.
4 Se vão da lei da Morte libertando: se vão livrando do esquecimento, isto é, não são esquecidos, pois os feitos gloriosos garantem aos homens a imortalidade da fama.
5 Engenho: talento natural, capacidade criadora.
6 Arte: técnica.
7 Sábio Grego: Ulisses, herói do poema *Odisseia*.
8 Troiano: Eneias, herói do poema *Eneida*.
9 Alexandre, o Grande (356-323 a.C.): rei da Macedônia, um dos mais famosos conquistadores militares da antiguidade, criador de um vasto império.
10 Trajano: imperador de Roma (53-117), famoso por suas vitórias militares.
11 Que eu canto o peito ilustre Lusitano: que eu canto o ilustre e corajoso povo lusitano, isto é, as façanhas militares portuguesas. O "peito ilustre" pode ser também uma referência ao coração, que, para os antigos, era a sede da coragem.
12 A quem Netuno e Marte obedeceram: nesse verso, o poeta diz que esses deuses ajudaram os portugueses a atravessar os mares e a vencer as batalhas.
13 Cesse tudo o que a Musa antiga canta: não continue o que os poetas antigos cantaram, principalmente os gregos e romanos. É também uma alusão a Calíope, a musa da poesia épica.
14 Alevanta: levanta.

# Invocação

O poeta invoca as ninfas do Tejo para que o ajudem a cantar num estilo elevado e sublime. E que suas águas sejam tão inspiradoras que não tenham inveja daquelas que influenciaram os poetas antigos.

### CANTO 1
**estrofe 4**

E vós, Tágides[1] minhas, pois[2] criado
Tendes em mim um novo engenho ardente,
Se sempre em verso humilde[3] celebrado
Foi de mim vosso rio[4] alegremente,
Dai-me agora um som alto e sublimado[5],
Um estilo grandíloquo e corrente[6],
Por que[7] de vossas águas Febo[8] ordene
Que não tenham inveja às de Hipocrene[9].

## Dedicatória

Camões dedica o poema ao jovem rei D. Sebastião, que assumiu o poder com apenas 14 anos, em 1568. O objetivo do poeta é chamar a atenção do rei para a sua obra, para o entusiasmo patriótico de seus versos, feitos para o engrandecimento de Portugal, e também, é claro, para obter-lhe o favor da publicação. Não o move, diz ele, uma recompensa material, mas a glória de ser reconhecido como o cantor de sua pátria. Nessa dedicatória, em vista da pouca idade do rei, o poeta também toma a liberdade de dar-lhe conselhos políticos.

---

1 Tágides: **ninfas do Rio Tejo.**
2 Pois: **já que.**
3 Se sempre em verso humilde: **se sempre de modo simples.**
4 Celebrado / Foi de mim vosso rio: **foi celebrado por mim o vosso rio (Tejo).**
5 Dai-me agora um som alto e sublimado: **dai-me agora uma voz poética que seja alta, engrandecida.**
6 Grandíloquo e corrente: **elevado e fluente.**
7 Por que: **para que.**
8 Febo: **Apolo, deus das artes.**
9 Hipocrene: **fonte mitológica grega que tornava poeta quem bebesse sua água.**

> D. Sebastião (1554-1578): em 1578, o jovem rei de 24 anos atacou os mouros do norte da África, com o objetivo de ampliar o império e espalhar a fé cristã. Mas seu exército foi derrotado e ele acabou morrendo na batalha de Alcácer-Quibir, no Marrocos, deixando vago o trono português, já que não tinha filhos. Como o seu corpo não foi achado, criou-se a lenda de que ele não tinha morrido e que um dia voltaria para restaurar a glória de Portugal, dando origem assim à crença chamada sebastianismo, que significa acreditar na volta de D. Sebastião.

## CANTO 1
### estrofe 6

E vós, ó bem nascida segurança
Da Lusitana antiga liberdade[1],
E não menos certíssima esperança
De aumento da pequena Cristandade;
Vós, ó novo temor da Maura lança[2],
Maravilha fatal da nossa idade[3],
Dada ao mundo por Deus, que todo o mande[4],
Para do mundo a Deus dar parte grande[5];

### estrofe 10

Vereis amor da pátria, não movido
De prêmio vil[6], mas alto e quase eterno;
Que não é prêmio vil ser conhecido
Por um pregão[7] do ninho meu paterno[8].
Ouvi: vereis o nome engrandecido
Daqueles de quem sois senhor superno[9],
E julgareis qual é mais excelente,
Se ser do mundo Rei, se de tal gente[10].

---

1 Segurança / Da Lusitânia antiga liberdade: **garantia da independência de Portugal.**
2 Maura lança: **o exército dos mouros, povos islâmicos do norte da África.**
3 Maravilha fatal da nossa idade: **maravilha do destino de nosso tempo.**
4 Que todo o mande: **para que mande no mundo todo.**
5 Para do mundo a Deus dar parte grande: **para dar grande parte do mundo a Deus, isto é, para torná-lo cristão.**
6 Não movido / De prêmio vil: **não motivado por um desejo de prêmio mesquinho.**
7 Por um pregão: **por uma proclamação.**
8 Do ninho meu paterno: **da minha pátria.**
9 Vereis o nome engrandecido / Daqueles de quem sois senhor superno: **o poeta diz que, no poema, o rei verá o engrandecimento dos homens valorosos da história de Portugal, de quem o rei é senhor supremo.**
10 Se ser do mundo Rei, se de tal gente: **o poeta fecha a estrofe dizendo que o rei julgará se é melhor ser rei do mundo ou dessa gente valorosa, isto é, dos portugueses.**

# Narração

## A MORTE DE INÊS DE CASTRO

O assassinato de Inês de Castro, em 1355, tornou-se tema célebre na literatura portuguesa e foi tratado por vários autores, inclusive por Camões.

O príncipe D. Pedro, futuro D. Pedro I de Portugal, era casado com a castelhana D. Constança, mas apaixonou-se por uma de suas damas de companhia chamada Inês de Castro, também de Castela. O romance dos dois logo ficou conhecido e era muito recriminado na corte. Em 1344, o rei D. Afonso IV, pai de D. Pedro, mandou exilar Inês da corte, mas os amantes continuaram a corresponder-se.

Em 1345, ao dar à luz o terceiro filho, Fernando, D. Constança faleceu, aos 25 anos. D. Pedro, então, recusou-se a casar novamente, intensificando sua relação com Inês. Tiveram quatro filhos: Afonso (morto ainda criança), Beatriz, João e Dinis. Com os boatos de que D. Pedro tinha intenção de casar-se com Inês, os conselheiros políticos do rei ficaram preocupados, pois temiam que, com a morte de Fernando, filho de D. Pedro com D. Constança, herdeiro legal do trono, o poder passasse para um dos filhos de Inês. Nesse meio tempo, Pedro e Inês tinham ido para Coimbra, instalando-se no Paço de Santa Clara.

Cedendo à pressão dos nobres, D. Afonso IV aproveitou uma ausência de D. Pedro e mandou matar Inês, no dia 7 de janeiro de 1355. Três homens a assassinaram: Pedro Coelho, Álvaro Gonçalves e Diogo Lopes Pacheco. Eles degolaram Inês e a enterraram às pressas na igreja de Santa Clara. Inês de Castro tinha 35 anos.

Em 1357, com a morte do pai, D. Pedro assume o trono, aos 37 anos. E uma de suas primeiras providências foi perseguir e prender dois dos assassinos, Pedro Coelho e Álvaro Gonçalves, vingando-se cruelmente deles — o terceiro homem conseguiu escapar. Conforme escreveu o cronista Fernão Lopes, cerca de cem anos depois, o rei teria ordenado arrancar o coração de um deles pelas costas e do outro, pelo peito.

Segundo a lenda, D. Pedro teria mandado vestir o cadáver de Inês, colocando-o no trono e obrigando a corte a beijar-lhe a mão e a reverenciá-la como rainha. Este episódio é o mais lírico e dramático de todo o poema.

## CANTO 3
### estrofe 118

Passada esta tão próspera vitória[1],
Tornado Afonso à lusitana terra,
A se lograr[2] da paz com tanta glória
Quanta soube ganhar na dura guerra,
O caso triste, e digno da memória[3]
Que do sepulcro os homens desenterra,
Aconteceu da mísera[4] e mesquinha[5]
Que depois de ser morta foi Rainha.

Na estrofe 118, depois de falar das vitórias militares do rei D. Afonso IV, o poeta anuncia que vai tratar da história da infeliz Inês de Castro, aquela "que depois de ser morta foi Rainha".

### estrofe 119

Tu só, tu, puro Amor, com força crua[6],
Que os corações humanos tanto obriga[7],
Deste causa[8] à molesta[9] morte sua[10],
Como se fora[11] pérfida[12] inimiga.
Se dizem, fero[13] Amor, que a sede tua
Nem com lágrimas tristes se mitiga[14],
É porque queres, áspero[15] e tirano,
Tuas aras[16] banhar em sangue humano.

1 Vitória: **alusão à vitória na Batalha do Salado, em 1340, em que Afonso IV, de Portugal, e Afonso IX, de Castela, aliaram-se e venceram os mouros na cidade de Cádis.**
2 Se lograr: **usufruir.**
3 Digno da memória: **digno de ser lembrado.**
4 Mísera: **infeliz.**
5 Mesquinha: **desamparada.**
6 Crua: **cruel.**
7 Obriga: **domina, subjuga.**
8 Deste causa: **deste motivo, causou.**
9 Molesta: **dolorosa.**
10 Morte sua: **morte de Inês.**
11 Fora: **fosse.**
12 Pérfida: **traiçoeira.**
13 Fero: **feroz.**
14 Mitiga: **alivia.**
15 Áspero: **cruel.**
16 Aras: **altares.**

A estrofe se abre com o poeta falando diretamente com o Amor, entendido como uma força universal que move os humanos, culpando-o pela triste sorte de Inês. O Amor é como um deus cruel que exige sacrifícios sangrentos em seus altares.

### estrofe 120

Estavas, linda Inês, posta em sossego[1],
De teus anos colhendo doce fruto[2],
Naquele engano da alma, ledo[3] e cego,
Que a Fortuna[4] não deixa durar muito,
Nos saudosos campos do Mondego[5],
De teus formosos olhos nunca enxuito[6],
Aos montes ensinando e às ervinhas
O nome que no peito escrito tinhas.

O poeta dirige-se agora a Inês, dizendo que ela estava em paz em Coimbra, usufruindo a juventude e vivendo o amor, que é "um engano da alma ledo e cego" para o que poderia vir a acontecer, pois o destino nunca o deixa durar muito. Passeando pelos campos do Mondego lembra saudosa de Pedro, cujo nome, guardado no peito, ela vivia repetindo aos montes e às ervas, como se a natureza fosse sua confidente. Ao dirigir-se diretamente a Inês, como se estivesse conversando com ela, o poeta torna presente a história e envolve o leitor nela, tornando mais dramática a narração dos trágicos eventos que vão ocorrer. É como se o leitor estivesse presenciando o drama de Inês diante de seus olhos.

### estrofe 121

Do teu Príncipe ali te respondiam
As lembranças que na alma lhe moravam,
Que sempre ante seus olhos[7] te traziam,
Quando dos teus formosos se apartavam[8];
De noite, em doces sonhos que mentiam,
De dia, em pensamentos que voavam;

---

1   Posta em sossego: **sossegada, tranquila.**
2   Doce fruto: **doce fruto. Isto é, aproveitando o prazer da mocidade.**
3   Ledo: **contente.**
4   Fortuna: **destino.**
5   Mondego: **nome do rio que banha Coimbra, onde vivia Inês.**
6   Enxuito: **enxuto.**
7   Seus olhos: **olhos de Pedro.**
8   Apartavam: **separavam.**

E quanto, enfim, cuidava[1] e quanto via,
Eram tudo memórias de alegria.

O poeta continua se dirigindo a Inês, dizendo que Pedro também não se esquecia dela, pois, quando se separavam, ela estava sempre presente, dia e noite, nos seus sonhos e pensamentos. E essas lembranças eram sempre memórias felizes.

### estrofe 122
De outras belas senhoras e princesas
Os desejados tálamos[2] enjeita[3],
Que tudo, enfim, tu, puro amor, desprezas
Quando um gesto suave te sujeita[4].
Vendo estas namoradas[5] estranhezas[6],
O velho pai sisudo[7], que respeita[8]
O murmurar do povo e a fantasia[9]
Do filho, que casar-se não queria,

Pedro estava viúvo e o rei insistia em que ele escolhesse outra esposa entre as damas da corte. Mas, apaixonado por Inês, o príncipe se recusa. Essa teimosia despertava mais desconfianças, pois temia-se que ele decidisse se casar oficialmente com Inês, o que poderia gerar problemas políticos no futuro. O que no início parecia apenas um capricho de Pedro tornava-se assim uma questão de Estado. O sentido dessa estrofe se completa na próxima (observe que o último verso termina com uma vírgula).

### estrofe 123
Tirar Inês ao mundo determina,
Por lhe tirar o filho que tem preso,
Crendo com sangue só da morte indina[10]
Matar do firme amor o fogo aceso.

---

1   Cuidava: **pensava.**
2   Tálamos: **casamento.**
3   Enjeita: **recusa, rejeita.**
4   Sujeita: **domina.**
5   Namoradas: **apaixonadas.**
6   Estranhezas: **atitudes estranhas, incomuns.**
7   Sisudo: **sério, austero, de costumes rígidos.**
8   Respeita: **leva em conta, considera.**
9   Fantasia: **capricho, desejo extravagante.**
10  Indina: **indigna.**

Que furor consentiu que a espada fina
Que pôde sustentar o grande peso
Do furor Mauro[1], fosse alevantada[2]
Contra uma fraca dama delicada?

O rei decreta a morte de Inês crendo assim conseguir extinguir aquele amor ardente de seu filho por ela. E o poeta, indignado, se pergunta como o furor que serviu para vencer a fúria dos mouros pôde levantar a espada contra uma dama tão delicada e fraca.

### estrofe 124

Traziam-na os horríficos[3] algozes[4]
Ante o Rei, já movido a piedade[5];
Mas o povo[6], com falsas e ferozes
Razões[7], à morte crua[8] o persuade[9].
Ela, com tristes e piedosas vozes[10],
Saídas só da mágoa e saudade
Do seu Príncipe e filhos, que deixava,
Que mais que a própria morte a magoava,

Os carrascos levam Inês ao rei, que parece comovido com a situação. Mas as razões políticas alegadas por seus conselheiros o convencem de que esse crime é necessário. Inês aguarda seu destino lamentando a perda de Pedro e de seus queridos filhos, que deixaria órfãos. Esse pensamento a magoava mais do que a ideia da morte dolorosa propriamente dita. O último verso termina com uma vírgula e o poeta continua a narrar a reação de Inês na estrofe seguinte.

---

1   Furor Mauro: **fúria guerreira dos mouros.**
2   Alevantada: **levantada.**
3   Horríficos: **horríveis.**
4   Algozes: **carrascos.**
5   Movido a piedade: **inclinado a ter piedade dela.**
6   Povo: **os conselheiros políticos do rei.**
7   Razões: **argumentos.**
8   Crua: **cruel, sangrenta.**
9   Persuade: **convence.**
10  Vozes: **palavras.**

**estrofe 125**

Para o céu cristalino alevantando,
Com lágrimas, os olhos piedosos[1]
(Os olhos, porque as mãos lhe estava atando
Um dos duros ministros rigorosos[2]);
E depois nos meninos atentando[3],
Que tão queridos tinha e tão mimosos[4],
Cuja orfandade como mãe temia,
Para o avô cruel[5] assim dizia:

    Inês levanta os olhos para o céu, numa atitude de súplica. Não pôde erguer as mãos porque elas estavam sendo amarradas pelos homens do rei. E olhando para os filhos pequenos que deixaria órfãos, dirige-se ao rei e avô. Nesse momento, a posição de Afonso IV é muito dramática, porque, como rei, não pode desconsiderar a pressão da corte, mas, como pai de Pedro, é avô das crianças e sente-se ligado afetivamente a elas e a Inês. Esses dois papéis — avô e rei — são inconciliáveis nesse momento. O último verso termina com dois-pontos: as súplicas de Inês vão ser expressas nas estrofes seguintes.

SÚPLICA DE INÊS DE CASTRO, DE EUGÉNIE SERVIÈRES.

1   Piedosos: **que despertam compaixão, piedade.**
2   Rigorosos: **maus, cruéis.**
3   Nos meninos atentando: **olhando os meninos (seus filhos).**
4   Mimosos: **bem-educados.**
5   Avô cruel: **o rei D. Afonso IV.**

## estrofe 126

"Se já nas brutas feras[1], cuja mente[2]
Natura[3] fez cruel de nascimento,
E nas aves agrestes[4], que somente
Nas rapinas aéreas têm o intento[5],
Com pequenas crianças viu a gente
Terem tão piedoso sentimento
Como com a mãe de Nino[6] já mostraram,
E com os irmãos que Roma edificaram[7];"

Na estrofe 126, Camões passa a palavra a Inês, que fala ao rei e sogro. A cena ganha em dramaticidade, como se estivéssemos ouvindo a própria Inês suplicando pela vida. E ela diz que até os animais ferozes, que têm instinto assassino, podem às vezes agir de modo piedoso, como mostram os exemplos de Semíramis e de Rômulo e Remo. Mas a estrofe termina com essas citações, deixando a conclusão desse raciocínio para a estrofe seguinte (o último verso termina com um ponto e vírgula).

## estrofe 127

"Ó tu[8], que tens de humano o gesto e o peito[9]
(Se de humano é[10] matar uma donzela[11],
Fraca e sem força, só por ter sujeito

---

1   Brutas feras: animais ferozes.
2   Mente: instinto.
3   Natura: natureza.
4   Agrestes: selvagens, que não são domesticadas.
5   Somente / Nas rapinas aéreas têm o intento: têm sempre a intenção de fazer ataques aéreos.
6   Mãe de Nino: trata-se de Semíramis, rainha mitológica da Assíria e fundadora da cidade da Babilônia. Abandonada recém-nascida numa floresta para morrer, foi salva por pombas, que a alimentaram. Mas aqui há um equívioco de Camões: Semíramis foi esposa do rei Nino e não sua mãe. O filho deles chamava-se Nínias.
7   Irmãos que Roma edificaram: trata-se de Rômulo e Remo. Abandonados numa floresta, foram criados por uma loba. São considerados os fundadores mitológicos de Roma.
8   Tu: Inês se dirige ao rei.
9   Que tens de humano o gesto e o peito: que és homem pela aparência e pelo coração, isto é, os sentimentos.
10  Se de humano é: se é próprio de um ser humano.
11  Donzela: mulher de origem nobre, mas não princesa ou rainha.

O coração a quem soube vencê-la[1]),
A estas criancinhas tem respeito[2],
Pois o não tens à morte escura[3] dela[4];
Mova-te[5] a piedade sua e minha[6],
Pois te não move a culpa que não tinha[7]."

Inês dirige ao rei palavras duras e suplicantes. Se ele é, de fato, um ser humano – se se pode considerar humano matar uma mulher que conquistou um coração (refere-se a Pedro) que também a tinha conquistado (isto é, o amor deles é recíproco) –, que pelo menos ele tenha compaixão das criancinhas, já que não considera a mãe delas. Que a piedade comova o rei, já que não faz diferença a inocência de Inês.

### estrofe 128

"E se, vencendo a maura resistência[8],
A morte sabes dar com fogo e ferro,
Sabe[9] também dar vida com clemência[10]
A quem para perdê-la não fez erro.
Mas, se to assim merece esta inocência[11],
Põe-me em perpétuo e mísero[12] desterro[13],
Na Cítia[14] fria ou lá na Líbia[15] ardente,
Onde em lágrimas viva eternamente."

1   Só por ter sujeito / O coração a quem soube vencê-la: só por ter dominado o coração de quem soube conquistá-la. Ou seja: Inês diz que vai ser morta apenas por amar e ser amada por Pedro.
2   Respeito: consideração.
3   Escura: triste.
4   Dela: da donzela, a mãe das criancinhas (Inês está se referindo a si mesma).
5   Mova-te: espero que te comova.
6   Piedade sua e minha: piedade das criancinhas e de mim.
7   Pois te não move a culpa que não tinha: pois não te comove o fato de eu não ter culpa nenhuma.
8   Maura resistência: a resistência dos mouros, vencidos pelo rei na batalha de Salado.
9   Sabe: 2ª pessoa do singular do imperativo do verbo saber.
10  Clemência: misericórdia.
11  Se to assim merece esta inocência: se esta inocência assim merece isto (dar vida com clemência).
12  Mísero: infeliz.
13  Desterro: exílio.
14  Cítia: antiga denominação de regiões muito frias do leste europeu.
15  Líbia: nome dado, na época, à região do norte da África, formada em parte pelo deserto do Saara, o mais quente do mundo.

Inês ressalta que, se o rei sabe matar na guerra com justiça, como fez contra os mouros, também deve saber agir com clemência diante de uma pessoa inocente. E se essa inocência tem algum merecimento, que ela seja exilada para sempre num lugar muito frio ou muito quente e onde viva em lágrimas, mas que, pelo menos, não seja assassinada.

### estrofe 129

"Põe-me onde se use toda a feridade[1],
Entre leões e tigres, e verei
Se neles achar posso a piedade
Que entre peitos humanos[2] não achei.
Ali, com amor intrínseco[3] e vontade
Naquele por quem morro[4], criarei
Estas relíquias suas[5], que aqui viste[6],
Que refrigério[7] sejam da mãe triste."

Nesta estrofe, encerram-se as súplicas de Inês: ela diz que, quem sabe, vivendo entre as feras, possa encontrar a piedade que não viu nos homens. E no exílio, sempre amando Pedro no fundo de seu coração, criará as relíquias dele, que são os filhos, e isso servirá de consolo para a sua tristeza.

### estrofe 130

Queria perdoar-lhe o Rei benino[8],
Movido[9] das palavras que o magoam[10];
Mas o pertinaz[11] povo[12] e seu destino
(Que desta sorte[13] o quis) lhe não perdoam.

1  Feridade: ferocidade.
2  Peitos humanos: corações humanos.
3  Intrínseco: íntimo, oculto.
4  Vontade / Naquele por quem morro: afeto por quem morro, isto é, por Pedro.
5  Relíquias suas: relíquias de Pedro. Referência aos filhos dela com Pedro; portanto, aos netos do rei.
6  Aqui viste: o uso do passado do verbo *ver* indica que, neste momento, Inês está sozinha diante do rei e dos carrascos.
7  Refrigério: consolo, alívio.
8  Benino: benigno.
9  Movido: comovido.
10  Magoam: entristecem.
11  Pertinaz: teimoso, obstinado.
12  Povo: alusão aos conselheiros do rei.
13  Desta sorte: desse jeito.

Arrancam das espadas de aço fino
Os que por bom tal feito ali apregoam[1].
Contra uma dama, ó peitos carniceiros[2],
Feros vos amostrais[3] e cavaleiros?

O rei, comovido pelas súplicas de Inês, queria perdoar-lhe, mas os conselheiros e o próprio destino não perdoam. Os carrascos pegam as espadas e se preparam para matá-la, convencidos de que é a decisão certa. O poeta, então, interrompe a narração e dirige-se aos carrascos, perguntando com ironia e indignação se é contra uma dama que cavaleiros devem se mostrar ferozes e sanguinários.

### estrofe 131

Qual[4] contra a linda moça Policena[5],
Consolação extrema da mãe velha[6],
Porque a sombra de Aquiles a condena,
Com ferro[7] o duro[8] Pirro se aparelha[9];
Mas ela, os olhos, com que o ar serena
(Bem como paciente e mansa ovelha),
Na mísera mãe postos, que endoidece,
Ao duro sacrifício[10] se oferece:

Nesta estrofe, o poeta compara o destino de Inês de Castro com o de Policena. Inês vai morrer assim como Policena, que era inocente e acabou assassinada friamente por Pirro, que ficou assustado com a sombra do pai e obedeceu ao seu pedido. A mãe dela, presenciando a cena, enlouqueceu. A estrofe termina com dois-pontos, deixando em aberta a comparação, que será retomada na estrofe seguinte.

---

1   Os que por bom tal feito ali apregoam: os que dizem que esse ato (a morte de Inês) é justo.
2   Peitos carniceiros: homens sanguinários.
3   Feros vos amostrais: vos mostrais ferozes.
4   Qual: assim como.
5   Policena: segundo a mitologia grega, era uma jovem troiana amada por Aquiles. Quando este morreu, sua sombra apareceu a seu filho Pirro, exigindo como oferenda o sacrifício de Policena, que foi então degolada.
6   Consolação extrema da mãe velha: a mãe de Policena era Hécuba, esposa do rei Príamo, de Troia, que fora morto pelos gregos.
7   Ferro: espada.
8   Duro: insensível, cruel.
9   Se aparelha: se prepara.
10  Duro sacrifício: penoso sacrifício.

## estrofe 132

Tais contra Inês os brutos matadores[1],
No colo de alabastro[2], que sustinha
As obras com que Amor matou de amores[3]
Aquele que depois a fez Rainha[4],
As espadas banhando e as brancas flores[5],
Que ela dos olhos seus regadas tinha[6],
Se encarniçavam[7], férvidos[8] e irosos[9],
No futuro castigo não cuidosos[10].

Aqui é narrada a ação do crime. O formoso corpo de Inês é violentamente destruído pelos carrascos, que são comparados a animais selvagens. Inês, na verdade, morreu degolada e não apunhalada. No último verso, o poeta comenta que esses homens não pensam no futuro, nas consequências desse ato tão cruel. De fato, Pedro perseguirá os assassinos e, anos depois, se vingará deles de forma igualmente cruel.

*SACRIFÍCIO DE POLICENA*, DE MERRY-
-JOSEPH BLONDEL.

© Merry-Joseph Blondel - Museu de Arte de Los Angeles, Estados Unidos

---

1 Tais contra Inês os brutos matadores: **assim fizeram também os brutos matadores contra Inês.**

2 Colo de alabastro: **colo branco como alabastro, que é uma pedra parecida com o mármore. O colo é a parte do corpo que envolve a cabeça, o pescoço e os seios da mulher.**

3 Sustinha / As obras com que Amor matou de amores: **alusão às feições do rosto e às formosuras do corpo de Inês, que o deus Amor ou Cupido usou para seduzir Pedro, para matá-lo de amores.**

4 Aquele que depois a fez Rainha: **segundo a lenda, quando Pedro se tornou rei, ele teria colocado o cadáver de Inês no trono, coroando-a e obrigando a corte a beijar as mãos dela.**

5 As espadas banhando e as brancas flores: **banhando (de sangue) as espadas e as brancas flores, isto é, os seios de Inês.**

6 Que ela dos olhos seus regadas tinha: **Inês tinha as brancas flores (os seios) regadas por suas lágrimas.**

7 Se encarniçavam: **se portavam como animais disputando carniça.**

8 Férvidos: **exaltados, arrebatados (pelo desejo de matar).**

9 Irosos: **Cheios de ira, de ódio.**

10 Não cuidosos: **despreocupados.**

COROAÇÃO DE INÊS DE CASTRO, DE PIERRE CHARLES COMTE: NESTA PINTURA, VEMOS UM NOBRE PORTUGUÊS BEIJANDO A MÃO DO CADÁVER DE INÊS.

**estrofe 133**
Bem puderas, ó Sol, da vista destes,
Teus raios apartar¹ aquele dia,
Como da seva² mesa de Tiestes³,
Quando os filhos por mão de Atreu comia!
Vós, ó côncavos⁴ vales, que pudestes
A voz extrema ouvir da boca fria⁵,
O nome do seu Pedro, que lhe ouvistes,
Por muito grande espaço⁶ repetistes.

Horrorizado com o crime, o poeta diz ao Sol que ele poderia ter escondido seus raios para que o mundo não visse aquele crime tão cruel, assim como fez quando Tiestes, que, enganado pelo irmão Atreu, comeu a carne de seus próprios filhos. Diz aos vales que eles ouviram as últimas palavras de Inês, que chamava por Pedro, repetindo-as por muito tempo.

---

1 Apartar: **desviar, afastar.**
2 Seva: **sanguinária, cruel.**
3 Tiestes: segundo a mitologia grega, cometeu adultério com a mulher de seu irmão Atreu, tendo com ela dois filhos. Por vingança, Atreu mandou matar as crianças e serviu-as num banquete a Tiestes. O próprio Sol, horrorizado, recusou-se a iluminar a cena, mergulhando a terra na escuridão.
4 Côncavos: **profundos.**
5 A voz extrema ouvir da boca fria: **as últimas palavras da boca já fria de Inês, que estava prestes a morrer.**
6 Por muito grande espaço: **por muito tempo.**

### estrofe 134

Assim como a bonina[1], que cortada
Antes do tempo foi, cândida[2] e bela,
Sendo das mãos lascivas[3] maltratada
Da menina que a trouxe na capela[4],
O cheiro traz perdido e a cor murchada:
Tal está, morta, a pálida donzela[5],
Secas do rosto as rosas e perdida
A branca e viva cor, com a doce vida.

Assim como a bela bonina, cortada por uma menina para servir de enfeite, perde logo sua viva cor, Inês também logo perde as cores rosas do rosto ao cair morta.

### estrofe 135

As filhas do Mondego[6] a morte escura[7]
Longo tempo chorando memoraram[8],
E, por memória[9] eterna, em fonte pura
As lágrimas choradas transformaram.
O nome lhe puseram, que inda dura,
Dos amores de Inês[10], que ali passaram[11].
Vede que fresca fonte rega as flores,
Que lágrimas são a água[12] e o nome, Amores[13].

---

1   Bonina: nome genérico de diversas flores silvestres, delicadas e bonitas, de diferentes cores.
2   Cândida: branca.
3   Lascivas: brincalhonas.
4   Capela: grinalda, enfeite de flores.
5   Pálida donzela: alusão a Inês.
6   Filhas do Mondego: ninfas do rio Mondego, que banha Coimbra, onde vivia Inês.
7   Escura: triste, cruel.
8   Chorando memoraram: lembraram com lágrimas.
9   Memória: lembrança, recordação.
10  O nome lhe puseram, que inda dura, / Dos amores de Inês: de fato, há uma fonte ali chamada Fonte dos Amores. Camões poeticamente atribui a sua origem às lágrimas choradas pela morte de Inês.
11  Que ali passaram: isto é, os amores de Inês e Pedro que ocorreram ali.
12  Que lágrimas são a água: a água é formada pelas lágrimas das filhas do Mondego.
13  E o nome, Amores: e o nome da fonte é Amores.

As ninfas do rio Mondego choraram a triste história de Inês e para eternizá-la transformaram as lágrimas na Fonte dos Amores.

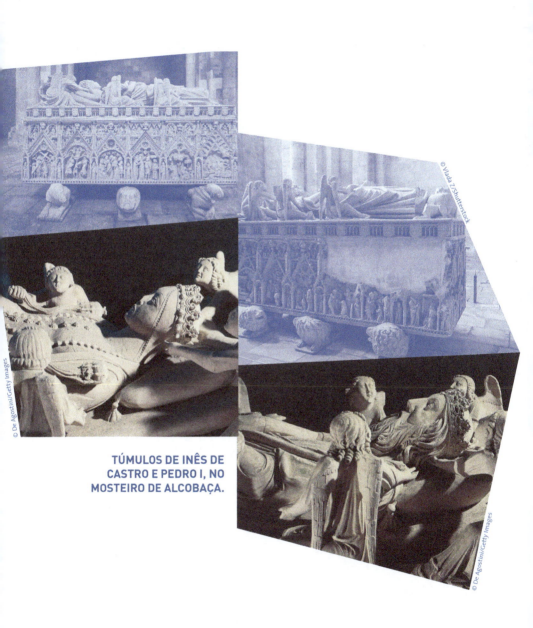

TÚMULOS DE INÊS DE CASTRO E PEDRO I, NO MOSTEIRO DE ALCOBAÇA.

VISTA DO JARDIM DO IMPÉRIO COM O MOSTEIRO DOS JERÔNIMOS NOS FUNDOS.

© Arseniy Krasnevsky/Shutterstock

A expedição compunha-se de quatro naus: *São Gabriel*, chefiada por Vasco da Gama; *São Rafael*, por seu irmão Paulo da Gama; *Bérrio*, por Nicolau Coelho; *São Miguel*, por Gonçalo Nunes. A chegada a Calicute, na Índia, ocorreu em 20 de maio de 1498.

© Ernesto Casanova - Biblioteca do Congresso, Washington

## O VELHO DO RESTELO

O Restelo é um dos mais antigos ancoradouros de Lisboa e dessa praia partiram os navios que fizeram as grandes navegações oceânicas dos séculos XIV e XV. Mais tarde, com a construção de vários edifícios e monumentos, essa zona da praia foi urbanizada e remodelada. Ali se vê hoje o Jardim do Império, ao lado do antigo Mosteiro dos Jerônimos. À sua frente, localiza-se a Torre de Belém. Restelo pertence ao distrito de Belém.

No dia do embarque da expedição de Vasco da Gama, 8 de julho de 1497, uma multidão juntou-se na praia do Restelo para ver a partida dos navegantes. O poeta fala da procissão solene em direção aos navios, da emoção da partida, das despedidas chorosas de amigos e familiares dos marinheiros, pois sabiam que eram grandes os perigos das viagens oceânicas, não só por causa das tempestades mas também por causa de doenças como o escorbuto, que fazia muitas vítimas. Muitos marinheiros morreram durante essa viagem. Paulo da Gama, irmão de Vasco da Gama, foi um deles. Em 1499, ao regressar a Portugal, Vasco da Gama trazia apenas 55 homens dos 148 que tinham embarcado dois anos antes.

Nos trechos selecionados a seguir, veremos as lamentações dos que se despedem dos marinheiros na praia e a fala exaltada de um velho, que critica a ambição e a ânsia de conquistas dos portugueses.

### CANTO 4
### estrofe 88

A gente da cidade, aquele dia,
(Uns por amigos, outros por parentes[1],
Outros por ver somente) concorria[2],
Saudosos na vista e descontentes.
E nós, com a virtuosa companhia
De mil religiosos diligentes[3],
Em procissão solene, a Deus orando,
Para os batéis[4] viemos caminhando.

Vasco da Gama comenta a grande multidão que se juntou na praia na hora do embarque. Eram parentes, amigos e curiosos. Os que iam embarcar tinham participado de uma missa numa pequena igreja que havia perto da praia e depois saíram em procissão até as naus. No local dessa igreja, foi construído no século XVI o Mosteiro dos Jerônimos.

### estrofe 89

Em tão longo caminho e duvidoso[5]
Por perdidos as gentes nos julgavam[6],
As mulheres com choro piedoso[7],
Os homens com suspiros que arrancavam.
Mães, esposas, irmãs, que o temeroso
Amor mais desconfia, acrescentavam
A desesperação[8] e frio medo
De já nos não tornar a ver tão cedo.

---

1 Uns por amigos, outros por parentes: uns por serem amigos, outros por serem parentes.
2 Concorria: se juntava (na praia).
3 De mil religiosos diligentes: de muitos religiosos zelosos, cuidadosos.
4 Batéis: pequenos barcos que conduziam os navegantes da praia até as naus.
5 Duvidoso: incerto, perigoso. O caminho para as Índias não era totalmente conhecido, mas sabia-se que era muito perigoso.
6 Por perdidos as gentes nos julgavam: as pessoas já nos davam como perdidos, isto é, como mortos, como homens que não voltariam mais.
7 Piedoso: comovente, que inspira piedade.
8 Desesperação: desespero.

As pessoas que estavam na praia se comovem com a partida, julgando que os homens não voltarão dessa viagem tão incerta e perigosa. Principalmente as mulheres, que juntam a essa aflição o desespero e o medo de pensar que tão cedo não tornarão a rever seus entes queridos.

### estrofe 90

Qual[1] vai dizendo: – "Ó filho, a quem eu tinha
Só para refrigério[2] e doce amparo
Desta cansada já velhice minha,
Que em choro acabará, penoso e amaro[3],
Por que me deixas, mísera e mesquinha[4]?
Por que de mim te vais, o filho caro[5],
A fazer o funéreo[6] enterramento[7]
Onde sejas de peixes mantimento?"

Uma das mulheres despede-se do filho lamentando que ficará sem o seu consolo e amparo na velhice e pergunta, aflita, por que a deixa tão infeliz para ir o mar, onde encontrará uma sepultura nas águas e será devorado pelos peixes.

### estrofe 91

Qual[8] em cabelo[9]: – "Ó doce e amado esposo,
Sem quem não quis Amor que viver possa[10],
Por que is[11] aventurar ao mar iroso[12]
Essa vida que é minha e não é vossa?

---

1   Qual: uma delas (uma das mulheres).
2   Refrigério: consolo.
3   Penoso e amaro: doloroso e amargo.
4   Mísera e mesquinha: infeliz e desamparada. Observe que é a mesma adjetivação usada no episódio de Inês de Castro (estrofe 118).
5   Caro: querido.
6   Funéreo: fúnebre.
7   Enterramento: sepultura.
8   Qual: outra (mulher). Esse pronome forma uma estrutura paralelística com a estrofe anterior: *Qual... Qual*, isto é, uma dizia uma coisa, outra dizia outra.
9   Em cabelo: sem touca, revelando que ela estava aflita e saiu sem se preocupar com a aparência, pois naquela época as mulheres casadas não saíam à rua sem cobrir ou prender os cabelos.
10   Sem quem não quis Amor que viver possa: sem o esposo amado ela não pode viver.
11   Is: ides.
12   Iroso: tempestuoso.

Como, por um caminho duvidoso,
Vos esquece a afeição tão doce nossa?
Nosso amor, nosso vão[1] contentamento,
Quereis que com as velas leve o vento?"

Uma esposa dirige-se angustiada ao marido que está partindo, perguntando por que ele vai arriscar a vida no mar tempestuoso, a vida que é dela, pois com sua ausência ela não conseguirá viver. Como ele pode esquecer a felicidade e a afeição que usufruem? Será que ele quer que tudo isso seja levado pelo vento, como as velas dos navios?

### estrofe 92

Nestas e outras palavras que diziam,
De amor e de piedosa humanidade[2],
Os velhos e os meninos os seguiam,
Em quem menos esforço põe a idade.
Os montes de mais perto respondiam,
Quase movidos de alta piedade;
A branca areia as lágrimas banhavam,
Que em multidão com elas se igualavam.

Vasco da Gama continua a narrar os lamentos das pessoas que acompanhavam o cortejo, as expressões amorosas de dor das mulheres, tão intensas que a própria natureza (os montes de mais perto) parecia comovida. A branca areia da praia ficou banhada pelas lágrimas.

### estrofe 93

Nós outros[3], sem a vista alevantarmos[4]
Nem a mãe, nem a esposa, neste estado,
Por nos não magoarmos[5], ou mudarmos
Do propósito firme começado,
Determinei de assim nos embarcarmos,

---

1 Vão: **breve.**
2 Piedosa humanidade: **piedosos sentimentos.**
3 Nós outros: **nós, os navegantes que iam embarcar.**
4 Alevantarmos: **levantarmos.**
5 Por nos não magoarmos: **para não nos magoarmos.**

Sem o despedimento costumado[1],
Que, posto que é de amor usança boa[2],
A quem se aparta[3], ou fica, mais magoa.

Vasco da Gama diz que ele e os outros não olharam nem para as mães nem para as esposas para não sentirem ainda mais dor e também para não mudarem a firme decisão de embarcar. Determinou ele então o embarque sem as costumeiras despedidas, pois, ainda que sejam amorosas, mais magoa quem parte e quem fica.

### estrofe 94

Mas um velho, de aspecto venerando[4],
Que ficava nas praias, entre a gente,
Postos em nós os olhos, meneando[5]
Três vezes a cabeça, descontente,
A voz pesada um pouco alevantando,
Que nós no mar ouvimos claramente,
Com um saber só de experiências feito,
Tais palavras tirou do experto peito[6]:

No meio da multidão, surge um velho experiente, de aspecto respeitável, que, meneando a cabeça em sinal de contrariedade, dirigiu-se então em voz alta aos que embarcavam. A estrofe termina com dois-pontos. A fala do velho começará na estrofe seguinte.

### estrofe 95

– "Ó glória de mandar[7], ó vã[8] cobiça
Desta vaidade a quem chamamos Fama!
Ó fraudulento gosto[9], que se atiça[10]

---

1  Despedimento costumado: **despedidas costumeiras.**
2  Posto que é de amor usança boa: **embora seja um bom costume amoroso.**
3  Aparta: **separa.**
4  Venerando: **respeitável.**
5  Meneando: **balançando.**
6  Experto peito: **experiente peito, isto é, que tinha o coração experiente, pois já tinha vivido muito.**
7  Glória de mandar: **prazer de mandar, de conquistar.**
8  Vã: **vazia, sem valor.**
9  Fraudulento gosto: **enganoso prazer.**
10  Atiça: **estimula, excita.**

O EMBARQUE DOS MARINHEIROS NAS CARAVELAS.

O VELHO DO RESTELO, DE COLUMBANO BORDALO PINHEIRO.

Com uma aura[1] popular, que honra se chama!
Que castigo tamanho[2] e que justiça[3]
Fazes no peito vão[4] que muito te ama!
Que mortes, que perigos, que tormentas,
Que crueldades neles experimentas!

O velho inicia sua fala dirigindo-se à Fama, à vaidade, para dizer que ela se atiça dentro dos homens como se fosse uma fogueira alimentada por um vento que se chama honra, que aqui tem o sentido de enganoso prazer. Essa Fama castiga, pune e atormenta aqueles que a amam.

### estrofe 96

"Dura[5] inquietação d'alma e da vida
Fonte[6] de desamparos e adultérios,
Sagaz[7] consumidora conhecida
De fazendas[8], de reinos e de impérios!
Chamam-te ilustre, chamam-te subida[9],
Sendo digna[10] de infames vitupérios[11];
Chamam-te Fama e Glória soberana,
Nomes com quem se o povo néscio[12] engana!

Continua o velho a dirigir-se à "glória de mandar", criticando a cobiça e o desejo de fama que estão por trás dessa aventura oceânica e que são as causas da ruína de reinos e impérios e da perda de riquezas. Essa "inquietação" da alma e da vida é chamada de sublime, mas merece severas críticas. Chamam-na de Fama e Glória, mas esses são apenas nomes com os quais se engana o povo ignorante.

---

1    Aura: **vento, brisa.**
2    Tamanho: **enorme.**
3    Justiça: **punição.**
4    Vão: **vazio.**
5    Dura: **triste.**
6    Fonte: **origem, causa.**
7    Sagaz: **esperta, maliciosa.**
8    Fazendas: **riquezas.**
9    Subida: **nobre, sublime.**
10   Digna: **merecedora.**
11   Vitupérios: **ofensas.**
12   Néscio: **ignorante.**

### estrofe 97

"A que novos desastres determinas[1]
De levar estes Reinos e esta gente[2]?
Que perigos, que mortes lhe destinas,
Debaixo de algum nome preminente[3]?
Que promessas de reinos e de minas
De ouro, que lhe farás tão facilmente?
Que famas lhe prometerás? Que histórias?
Que triunfos? Que palmas[4]? Que vitórias?

A que novos desastres a "glória de mandar" levará os portugueses? Com o disfarce de uma aventura nobre ou notável, trará mais perigos e mortes? O que prometerá: minas de ouro, fama, histórias, vitórias?

### estrofe 98

"Mas, ó tu, geração[5] daquele insano[6]
Cujo pecado e desobediência
Não somente do Reino soberano[7]
Te pôs neste desterro[8] e triste ausência,
Mas inda doutro estado mais que humano,
Da quieta e da simples inocência,
Idade de ouro, tanto te privou,
Que na de ferro e de armas te deitou:

O velho dirige-se agora aos homens em geral, chamando-os de descendentes do louco Adão, cuja desobediência fez perder o paraíso e deixar a idade de ouro, um tempo de inocência e paz, para entrar numa idade de ferro, um tempo de guerras, violências e ambições desmedidas. Essa estrofe termina com dois-pontos, criando uma expectativa quanto às palavras que o velho quer dirigir aos portugueses.

---

1    Determinas: **tens intenção.**
2    Esta gente: **aqueles que estão embarcando e, por extensão, aos portugueses em geral.**
3    Debaixo de algum nome preminente: **com o disfarce de algum nome ou título pomposo, notável.**
4    Palmas: **vitórias, triunfos.**
5    Geração: **descendente.**
6    Insano: **louco (alusão a Adão, o primeiro homem).**
7    Reino soberano: **o paraíso.**
8    Desterro: **exílio.**

## estrofe 99

"Já que nesta gostosa vaidade[1]
Tanto enlevas a leve fantasia[2],
Já que à bruta crueza e feridade[3]
Puseste nome, esforço e valentia[4],
Já que prezas[5] em tanta quantidade
O desprezo da vida, que devia
De ser sempre estimada, pois que já
Temeu tanto perdê-la Quem a dá[6]:

Continua o velho a dirigir-se ao ser humano em geral, mas ao português, em particular, dizendo que ele tem o gosto de vaidade e chama de esforço e valentia aquilo que não passa de crueldade e ferocidade. E assim, despreza a vida, um bem tão precioso que até Cristo, que é capaz de dar vida, quando esteve na terra, também temeu perdê-la ao chegar a hora de sua morte. Essa estrofe termina também com dois-pontos, deixando para a próxima a mensagem que o velho quer mandar aos portugueses.

## estrofe 100

"Não tens junto contigo o Ismaelita[7],
Com quem sempre terás guerras sobejas[8]?
Não segue ele do Arábio a lei maldita,
Se tu pela de Cristo só pelejas[9]?
Não tem cidades mil, terra infinita,
Se terras e riqueza mais desejas?

---

1   Nesta gostosa vaidade: **no gosto da vaidade.**
2   Tanto enlevas a leve fantasia: **tanto te encantas com a irresponsável imaginação.**
3   Bruta crueza e feridade: **violenta crueldade e ferocidade.**
4   Puseste nome, esforço e valentia: **deste o nome de esforço e valentia.**
5   Prezas: **valorizas.**
6   Quem a dá: **refere-se a Cristo (por isso, o pronome está com inicial maiúscula), que dá vida, mas, como homem, também angustiou-se com a proximidade da morte na cruz.**
7   Ismaelita: **muçulmano, seguidor da religião islâmica, considerado na época o grande inimigo dos cristãos; havia muitos ismaelitas no norte da África, portanto, perto de Portugal.**
8   Sobejas: **numerosas.**
9   Do Arábio a lei maldita / Se tu pela de Cristo só pelejas: **a lei maldita de Maomé, isto é, a religião islâmica. O velho reforça a ideia de que o islamismo é uma maldição e deve ser combatido pelos cristãos. Na época de Camões, não só em Portugal, mas na Europa em geral, era comum falar desse modo ofensivo e preconceituoso contra a religião islâmica.**

Não é ele por armas esforçado[1],
Se queres por vitórias ser louvado?

Nesta estrofe o velho diz que, já que os homens são levados pelo desejo de glória e de conquistas, não é preciso ir tão longe, lá na Índia, pois os portugueses têm um inimigo bem perto, que são os islâmicos, donos de terras e riquezas. Além disso, seguem a lei de Maomé, o que seria um motivo a mais para serem combatidos. E como são valentes guerreiros, a vitória sobre eles traria fama e glória aos portugueses.

### estrofe 101

"Deixas criar às portas o inimigo,
Por ires[2] buscar outro de tão longe,
Por quem se despovoe o Reino antigo[3],
Se enfraqueça e se vá deitando a longe[4];
Buscas o incerto e incógnito[5] perigo
Por que[6] a Fama te exalte e te lisonje[7]
Chamando-te senhor, com larga cópia[8],
Da Índia, Pérsia, Arábia e de Etiópia.

Dirigindo-se ao responsável pelo reino (o rei D. Manuel), o velho o censura por deixar crescer o inimigo que está perto para aventurar-se em guerras distantes para que seu nome seja louvado e engrandecido como senhor de muitas terras, da Índia, Pérsia, Arábia e Etiópia.

### estrofe 102

"Oh, maldito o primeiro que, no mundo,
Nas ondas vela pôs em seco lenho[9]!
Digno da eterna pena do Profundo[10],

---

1 Esforçado: **valente na guerra.**
2 Por ires: **para ires.**
3 Reino antigo: **Portugal.**
4 E se vá deitando a longe: **e se vá perdendo, se arruinando.**
5 Incógnito: **desconhecido.**
6 Por que: **para que.**
7 Lisonje: **lisonjeie, elogie.**
8 Larga cópia: **grande quantidade de nomes e títulos.**
9 Vela pôs em seco lenho: **pôs velas num lenho. Lenho é madeira, referindo-se aqui ao mastro de um navio.**
10 Profundo: **inferno. A invenção do navio seria coisa demoníaca.**

Se é justa a justa Lei[1] que sigo e tenho!
Nunca juízo[2] algum, alto e profundo,
Nem cítara[3] sonora ou vivo engenho[4]
Te dê por isso[5] fama nem memória[6],
Mas contigo se acabe o nome e glória!

A indignação do velho aumenta e agora ele amaldiçoa aquele que primeiro lançou ao mar uma embarcação a vela. Se for justa a religião que segue, isto é, o cristianismo, que esse homem nunca seja louvado ou cantado por sua invenção, ao contrário, que seja para sempre esquecido.

### estrofe 103

"Trouxe o filho de Jápeto[7] do céu
O fogo que ajuntou ao peito humano[8],
Fogo que o mundo em armas acendeu,
Em mortes, em desonras (grande engano!).
Quanto melhor nos fora, Prometeu,
E quanto para o mundo menos dano,
Que a tua estátua ilustre[9] não tivera[10]
Fogo de altos desejos, que a movera[11]!

O velho cita Prometeu, que, segundo a mitologia grega, criou o homem do barro e o fez viver com o fogo divino. Esse fogo é o culpado pela chama da ambição que move o homem e o leva a fazer guerras; por isso, diz o velho, teria sido melhor que o homem não tivesse esse fogo dentro de si.

---

1 Lei: religião.
2 Juízo: entendimento, consideração.
3 Cítara: instrumento musical semelhante à lira.
4 Vivo engenho: inspiração poética.
5 Por isso: por esse motivo.
6 Memória: lembrança, fama eterna.
7 Jápeto: um dos titãs que governavam o mundo, segundo a mitologia grega. Um de seus filhos era Prometeu.
8 O fogo que ajuntou ao peito humano: Prometeu fez, de barro, o primeiro homem e deu-lhe vida com o fogo do céu que tinha roubado do deus Júpiter ou Zeus.
9 Estátua ilustre: o ser humano.
10 Tivera: tivesse.
11 Movera: movesse, motivasse.

*PROMETEU TRAZ O FOGO À HUMANIDADE*, DE HEINRICH FÜGER.

© Heinrich Friedrich Füger - Museu Hessen Kassel, Alemanha

**estrofe 104**

"Não cometera[1] o moço miserando[2]
O carro alto do pai[3], nem o ar vazio
O grande arquiteto[4] com o filho, dando
Um, nome ao mar, e o outro, fama ao rio.
Nenhum cometimento[5] alto e nefando[6]
Por fogo, ferro, água, calma e frio,
Deixa intentado a humana geração[7].
Mísera sorte[8]! Estranha condição!"

O velho termina sua fala citando duas histórias mitológicas que exemplificam a ousadia exagerada, a desobediência e a imprudência, características do fogo posto no coração humano por Prometeu. Se isso não acontecesse, Faetonte não teria morrido por querer dirigir o carro do Sol nem Ícaro teria se afogado no mar. Mas o ser humano não resiste às tentações e atreve-se a tudo, não importa o tipo de empreendimento. Por isso, acaba arriscando a vida. Infeliz destino, estranha condição!

---

1   Não cometera: **não cometeria, não se arriscaria.**
2   O moço miserando: **o moço digno de piedade.**
3   O carro alto do pai: **o carro do Sol.** Alusão a uma história da mitologia grega. O jovem Faetonte, filho do deus Hélio, quis dirigir o carro do Sol e, perdendo o controle, pôs em perigo a vida na Terra. O deus Zeus (ou Júpiter, entre os romanos) então o fulminou. Faetonte caiu no rio Pó, no continente italiano.
4   O grande arquiteto: **Dédalo,** outro personagem da mitologia grega, construiu o famoso labirinto do palácio de Cnossos, em Creta, onde vivia o Minotauro. Ao ficar preso lá com seu filho Ícaro, imaginou fugir voando e criou asas de cera. Ele e o filho conseguiram voar, mas o jovem Ícaro, desobedecendo ao pai, quis subir cada vez mais alto e teve as asas derretidas pelo sol, caindo e morrendo afogado no mar, que ganhou o nome de Icário (depois passou a se chamar Egeu).
5   Cometimento: **investida, empreendimento.**
6   Alto e nefando: **nobre ou abominável.**
7   Deixa intentado a humana geração: **deixa insensível o ser humano.**
8   Mísera sorte: **infeliz destino.**

*A QUEDA DE ÍCARO*, DE GOWY.

*A QUEDA DE FAETONTE*, DE SEBASTIANO RICCI.

# Um diálogo através do tempo

O português José Saramago (1922-2010), o primeiro escritor de língua portuguesa a receber o Prêmio Nobel de Literatura, escreveu um poema retomando a figura do Velho do Restelo. Observe a relação que ele estabelece entre o nosso tempo e a situação narrada em *Os lusíadas*.

## FALA DO VELHO DO RESTELO AO ASTRONAUTA

Aqui, na Terra, a fome continua,
A miséria, o luto, e outra vez a fome.

Acendemos cigarros em fogos de napalme[1]
E dizemos amor sem saber o que seja.
Mas fizemos de ti a prova da riqueza,
E também da pobreza, e da fome outra vez.
E pusemos em ti sei lá bem que desejo
De mais alto que nós, e melhor e mais puro.

No jornal, de olhos tensos, soletramos
As vertigens do espaço e maravilhas:
Oceanos salgados que circundam
Ilhas mortas de sede, onde não chove.

Mas o mundo, astronauta, é boa mesa
Onde come, brincando, só a fome,
Só a fome, astronauta, só a fome,
E são brinquedos as bombas de napalme.

SARAMAGO, José. *Os poemas possíveis*. 3. ed. Lisboa: Editorial Caminho, 1981. p. 76.

## O GIGANTE ADAMASTOR

Esse episódio gira em torno da figura de Adamastor, personagem da mitologia grega. Ele era um dos gigantes que se rebelaram contra os deuses liderados por Zeus. No final, os titãs, como eram chamados, foram derrotados e como castigo, foram presos e lançados nas profundezas da terra. Adamastor foi transformado no Cabo das Tormentas, na África do Sul, local de violentas tempestades que provocaram muitos trágicos naufrágios e que representava um enorme desafio para os navegantes que seguiam para o Oceano Índico.

---

1    Napalme: substância usada na fabricação de bombas incendiárias.

Adamastor simboliza, assim, de modo geral, os perigos da navegação oceânica e as lendas e histórias tenebrosas que circulavam a respeito das viagens por mares desconhecidos, "nunca dantes navegados". Camões sabia do que estava falando, pois, como soldado, fez essas viagens, experimentou os perigos e os medos que assaltam os marinheiros que, em frágeis embarcações, enfrentam as terríveis tempestades oceânicas e sentem a proximidade da morte a todo instante.

Ao mesmo tempo, o episódio serve para ressaltar a audácia e a coragem dos navegantes portugueses, que enfrentam e superam esses obstáculos em sua jornada conquistadora. Mas além dessa simbologia, o episódio tem também uma dimensão lírica, quando Adamastor conta sua infeliz paixão por uma nereida chamada Tétis.

> *Nereidas*: eram as ninfas do mar, representadas como jovens formosas, muitas vezes sentadas em golfinhos ou cavalos-marinhos. Podiam viver na terra e nas águas. Sempre prontas a ajudar os navegantes que estivessem em perigo, elas estão relacionadas com o deus do mar Netuno (ou Poseidon). Às vezes, são descritas também como sereias — metade mulher e metade peixe. Seu nome vem de Nereu, que, com a esposa Dóris, gerou todas elas. São muito representadas na arte greco-romana.

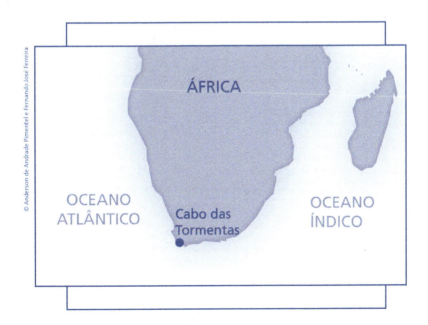

103

**DETALHE DE UMA TAMPA DE CAIXA DE JOIAS, COM UMA NEREIDA SOBRE MONSTRO MARINHO.**

**CANTO 5**
**estrofe 37**

"Porém já cinco sóis[1] eram passados
Que dali nos partíramos, cortando
Os mares nunca de outrem[2] navegados,
Prosperamente[3] os ventos assoprando,
Quando uma noite, estando descuidados[4]
Na cortadora proa[5] vigiando,
Uma nuvem que os ares escurece,
Sobre nossas cabeças aparece.

Os portugueses estão agora no sul do continente africano. Vasco da Gama diz que a viagem é calma por aqueles mares nunca navegados por outros senão os portugueses, os ventos estão a favor e, de repente, aparece uma grande nuvem que tudo escurece.

---

1   Sóis: **dias.**
2   De outrem: **por outros.**
3   Prosperamente: **favoravelmente.**
4   Descuidados: **despreocupados.**
5   Proa: **parte dianteira do navio.**

### estrofe 38

"Tão temerosa[1] vinha e carregada[2],
Que pôs nos corações um grande medo;
Bramindo[3], o negro mar de longe brada[4],
Como se desse em vão nalgum rochedo.
– Ó Potestade[5], disse[6], sublimada[7]:
Que ameaço[8] divino ou que segredo
Este clima e este mar nos apresenta,
Que mor[9] coisa parece que tormenta?

A nuvem escura e o estrondo do mar apavoram os marinheiros. Vasco da Gama dirige-se então a Deus poderoso perguntando o que podia ser aquilo. Que surpresa esses mares desconhecidos poderiam trazer? Seria algo ainda mais terrível que uma tormenta?

### estrofe 39

"Não acabava[10], quando uma figura
Se nos mostra no ar[11], robusta e válida[12],
De disforme[13] e grandíssima estatura;
O rosto carregado[14], a barba esquálida[15],
Os olhos encovados[16], e a postura
Medonha e má[17] e a cor terrena[18] e pálida;
Cheios de terra e crespos os cabelos,
A boca negra, os dentes amarelos.

---

1 Temerosa: apavorante, que inspira temor ou medo.
2 Carregada: escura, anunciando tempestade.
3 Bramindo: com grande estrondo.
4 Brada: produz um som bem alto.
5 Potestade: poder (de Deus).
6 Disse: isto é, disse eu, Vasco da Gama.
7 Sublimada: sublime.
8 Ameaço: ameaça.
9 Mor: maior.
10 Não acabava: mal acabava (de me dirigir a Deus).
11 Se nos mostra no ar: nos aparece.
12 Robusta e válida: forte e vigorosa.
13 Disforme: de forma monstruosa.
14 Carregado: carrancudo, com semblante feroz.
15 Esquálida: suja, maltratada.
16 Olhos encovados: olhos que ficam muito dentro das órbitas, como que afundados.
17 A postura / Medonha e má: com gestos que incutem medo, que parecem ameaçadores.
18 Cor terrena: cor de terra.

Como que respondendo à pergunta feita no último verso da estrofe anterior, surge de repente diante de todos, saindo das profundezas da terra, uma figura gigantesca e assustadora, de semblante ameaçador e corpo monstruoso.

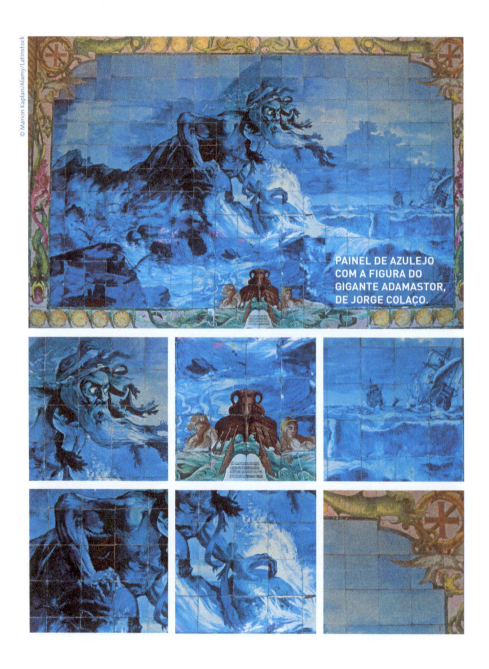

PAINEL DE AZULEJO COM A FIGURA DO GIGANTE ADAMASTOR, DE JORGE COLAÇO.

### estrofe 40

"Tão grande era de membros, que bem posso
Certificar-te¹ que este era o segundo
De Rodes estranhíssimo Colosso²,
Que um dos sete milagres foi do mundo³.
Com um tom de voz nos fala, horrendo e grosso,
Que pareceu sair do mar profundo.
Arrepiam-se as carnes e o cabelo,
A mim e a todos, só de ouvi-lo e vê-lo!

Vasco da Gama, falando ao rei de Melinde, narra o encontro com o gigante Adamastor, que surge sob a forma de um monstro gigantesco, como um segundo colosso de Rodes. Sua aparência e sua voz horrenda e grossa deixam todos apavorados.

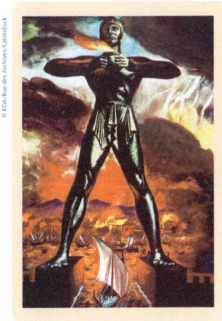

O Colosso de Rodes era uma enorme estátua de bronze construída entre 292 e 280 a.C. pelo escultor Carés. Com 30 metros de altura e 70 toneladas, ficava perto do porto da ilha de Rodes, na Grécia. Ficou em pé por 55 anos apenas, pois foi destruída por um terremoto em 226 a.C. Foi considerada uma das sete maravilhas do mundo antigo. Não se tem certeza sobre a forma original da estátua, que representa o deus Hélio. A tradição a descreve como um homem segurando uma tocha e com as pernas abertas, cada uma apoiada a uma margem do canal que dava acesso ao porto. Atualmente, porém, considera-se muito improvável essa posição da estátua. Os arqueólogos modernos afirmam que ela deveria estar assentada num monte elevado, próximo ao porto.

---

1 Certificar-te: garantir-te. Vasco da Gama dirige-se ao rei de Melinde, cidade portuária africana, que recebeu bem os portugueses. Atualmente, é uma cidade do Quênia.
2 Era o segundo / De Rodes estranhíssimo Colosso: era o segundo estranhíssimo Colosso de Rodes. Alusão à gigantesca estátua do deus Hélio (deus do Sol na mitologia grega) que havia na ilha de Rodes, no século III a.C.
3 Um dos sete milagres foi do mundo: foi uma das sete maravilhas do mundo.

### estrofe 41

"E disse: – "Ó gente ousada, mais que quantas
No mundo cometeram[1] grandes cousas[2],
Tu, que por guerras cruas[3], tais e tantas,
E por trabalhos vãos[4] nunca repousas,
Pois[5] os vedados[6] términos[7] quebrantas[8]
E navegar meus longos mares ousas,
Que eu tanto tempo há já que guardo[9] e tenho,
Nunca arados[10] de estranho ou próprio lenho[11];

O gigante diz aos portugueses que eles são a gente mais ousada entre aquelas que realizaram grandes façanhas no mundo e que, por ambição, nunca se cansam de tantas guerras sangrentas. E visto que agora ultrapassam os limites e ousam navegar pelos seus mares, que há tanto tempo ele defende e proíbe que sejam percorridos por qualquer navio... A fala do gigante continua na próxima estrofe.

### estrofe 42

"Pois vens ver os segredos escondidos
Da natureza e do úmido elemento[12],
A nenhum grande humano concedidos
De nobre ou de imortal merecimento,
Ouve os danos[13] de mim[14] que apercebidos[15]
Estão a teu sobejo atrevimento[16],
Por todo o largo mar e pela terra
Que inda hás de sojugar[17] com dura guerra.

---

1   Cometeram: realizaram.
2   Cousas: coisas, façanhas.
3   Cruas: sangrentas.
4   Vãos: ambiciosos.
5   Pois: visto que, já que.
6   Vedados: proibidos.
7   Términos: limites.
8   Quebrantas: ultrapassas.
9   Guardo: defendo, protejo.
10  Arados: navegados, percorridos.
11  Lenho: navio.
12  Úmido elemento: mar.
13  Danos: calamidades, castigos.
14  De mim: por mim, por minha boca.
15  Apercebidos: preparados.
16  A teu sobejo atrevimento: para (punir) teu excessivo atrevimento.
17  Sojugar: subjugar, dominar.

Continua o gigante a censurar a ousadia dos portugueses de querer navegar por mares desconhecidos e conquistar novas terras. Já que decidiram descobrir os segredos da natureza e dos mares, desconhecidos por outros grandes homens, como os antigos pesquisadores e navegantes, agora devem ouvir, da boca do próprio gigante, os castigos que o destino preparou a eles para punir esse atrevimento excessivo. E esses castigos vão atingi-los nos mares e nas próprias terras que eles ainda hão de dominar com guerras sangrentas. Os castigos serão revelados na próxima estrofe.

## estrofe 43

"Sabe[1] que quantas naus esta viagem
Que tu fazes, fizerem, de atrevidas[2],
Inimiga terão esta paragem[3],
Com ventos e tormentas[4] desmedidas[5];
E da primeira armada que passagem
Fizer por estas ondas insofridas[6],
Eu farei de improviso[7] tal castigo
Que seja mor[8] o dano que o perigo!

A partir dessa estrofe o gigante começa a dizer as desgraças que cairão sobre os portugueses por causa de sua ousadia e ambição: os mares revoltos serão sempre seus inimigos, tempestades violentas atingirão os navios e ele castigará o primeiro que passar depois de Vasco da Gama. É uma alusão à armada de Pedro Álvares Cabral, que será a próxima a passar por ali, em 1500, depois de ter feito uma parada em Porto Seguro, no Brasil — quando Camões escreveu o poema, todos esses eventos já tinham acontecido, ou seja, ele já sabia que alguns navios da frota de Cabral realmente tinham naufragado nessa região. Mas ele quis narrar apenas a viagem de Vasco da Gama (1497-1499), quando a expedição de Cabral não tinha ocorrido ainda.

## estrofe 44

"Aqui espero tomar, se não me engano,
De quem me descobriu suma[9] vingança;
E não se acabará só nisto o dano[10]
De vossa pertinace[11] confiança[12]:
Antes, em vossas naus vereis, cada ano,

---

1    Sabe: **toma conhecimento.**
2    Atrevidas: **ousadas.**
3    Paragem: **região.**
4    Tormentas: **tempestades.**
5    Desmedidas: **enormes.**
6    Insofridas: **turbulentas.**
7    De improviso: **inesperadamente.**
8    Mor: **maior.**
9    Suma: **grande.**
10   Dano: **castigo.**
11   Pertinace: **pertinaz, teimosa.**
12   Confiança: **atrevimento, ousadia.**

**RÉPLICA DO MARCO COLOCADO POR BARTOLOMEU DIAS, EM JULHO DE 1488, NO CABO DAS TORMENTAS (REBATIZADO DE CABO DA BOA ESPERANÇA, NA ATUAL CIDADE DO CABO, ÁFRICA DO SUL).**

    Se é verdade o que meu juízo[1] alcança[2],
    Naufrágios, perdições de toda sorte[3],
    Que o menor mal de todos seja a morte!

  O gigante diz que quer se vingar daquele que o descobriu. Trata-se de uma alusão a Bartolomeu Dias, navegador português que, em 1488, foi o primeiro a contornar o Cabo das Tormentas: em 1500, participando da expedição de Cabral, o navio de Bartolomeu Dias ali naufragou e ele morreu. Além disso, diz o gigante que ocorrerão naufrágios e males de todo tipo, dos quais o menor será a própria morte. De fato, muitos sobreviventes dos naufrágios acabarão perdidos pelas praias desconhecidas e sofrerão muito.

**estrofe 45**
    "E do primeiro ilustre[4], que a ventura
    Com fama alta fizer tocar os céus[5],
    Serei eterna e nova sepultura,

---

1   Juízo: **dom ou poder (de profetizar).**
2   Alcança: **é capaz de prever.**
3   Sorte: **tipo.**
4   Ilustre: **nobre.** Alusão a D. Francisco de Almeida, primeiro vice-rei da Índia. Na viagem de regresso a Portugal, depois de ficar quatro anos em seu posto (1505-1509), morreu num conflito com nativos africanos perto do Cabo das Tormentas.
5   Que a ventura / Com fama alta fizer tocar os céus: **que o destino tornará muito famoso.**

> Por juízos incógnitos de Deus[1].
> Aqui[2] porá da turca armada dura
> Os soberbos e prósperos troféus[3];
> Comigo de seus danos o ameaça[4]
> A destruída Quíloa com Mombaça[5].

O Cabo ainda será, continua o gigante, a sepultura de um ilustre e famoso guerreiro (fazendo uma alusão ao vice-rei da Índia D. Francisco de Almeida). No Cabo ele deixará os ricos despojos conquistados na guerra em que venceu a forte armada turca, travada em Diu, na Índia, em 1509. E com o gigante se unirão para o atacar, diz Adamastor, as ilhas de Quíloa e Mombaça, também destruídas por D. Francisco, em 1505.

**estrofe 46**
"Outro também virá, de honrada fama,
Liberal, cavaleiro, enamorado,
E consigo trará a formosa dama
Que Amor por grão mercê[6] lhe terá dado.
Triste ventura[7] e negro fado[8] os chama
Neste terreno meu[9], que, duro e irado[10],
Os deixará de um cru[11] naufrágio vivos,
Para verem[12] trabalhos excessivos[13].

D. FRANCISCO DE ALMEIDA (1450-1510).

1 Juízos incógnitos de Deus: **por determinações desconhecidas feitas por Deus.**
2 Aqui: **neste cabo ou promontório.**
3 Soberbos e prósperos troféus: **ricos troféus ou despojos.**
4 Comigo de seus danos o ameaça: **junto comigo o ameaça com danos.**
5 Quíloa com Mombaça: **duas ilhas do sul da África.**
6 Grão mercê: **por grande recompensa.**
7 Ventura: **acaso.**
8 Negro fado: **trágico destino.**
9 Neste terreno meu: **nesta minha região.**
10 Duro e irado: **áspero e enraivecido.**
11 Cru: **cruel.**
12 Verem: **padecerem.**
13 Trabalhos excessivos: **sofrimentos extraordinários.**

Aqui o gigante anuncia a tragédia, referindo-se ao caso do fidalgo e comandante português Manuel de Sousa Sepúlveda, que, voltando a Portugal, acompanhado da formosa esposa D. Leonor, naufragou no Cabo das Tormentas. Junto com outros sobreviventes, internaram-se pelas selvas onde passaram por grandes sofrimentos. Foram atacados tanto pelos nativos quanto pela escassez de víveres. D. Leonor e os filhos morreram e Sepúlveda, enlouquecido, teria desaparecido na selva.

### estrofe 47

"Verão morrer com fome os filhos caros[1],
Em tanto amor gerados e nascidos;
Verão os Cafres[2], ásperos[3] e avaros[4],
Tirar à linda dama seus vestidos;
Os cristalinos[5] membros e preclaros[6]
À calma[7], ao frio, ao ar, verão despidos,
Depois de ter pisada, longamente,
Com os delicados pés a areia ardente.

Nesses versos, o gigante narra o triste destino de Sepúlveda e Leonor: verão morrer de fome os filhos queridos, depois verão os cafres roubarem as roupas de Leonor, cujo formoso corpo branco ficará despido e exposto ao calor intenso, ao frio, ao ar, depois de ter pisado longamente a areia ardente com seus delicados pés.

> Os vários naufrágios que ocorreram durante o período das grandes navegações portuguesas inspiraram a criação de um livro chamado *A História Trágico-Marítima*. Nele, o autor Bernardo Gomes de Brito narra as mais famosas tragédias, incluindo o naufrágio do navio *São João*, que era comandado por Manuel de Sousa Sepúlveda.

---

1  Caros: **queridos.**
2  Cafres: **nome que se dava antigamente aos nativos da raça negra de uma antiga região chamada Cafraria, no sul da África.**
3  Ásperos: **rudes.**
4  Avaros: **cobiçosos.**
5  Cristalinos: **brancos.**
6  Preclaros: **muito claros.**
7  Calma: **calor.**

### estrofe 48

"E verão mais os olhos que escaparem[1]
De tanto mal, de tanta desventura[2],
Os dois amantes[3] míseros[4] ficarem
Na férvida[5], implacável[6] espessura[7].
Ali, depois que as pedras abrandarem[8]
Com lágrimas de dor, de mágoa pura,
Abraçados, as almas soltarão
Da formosa e misérrima[9] prisão".

O gigante termina a narração da morte de Sepúlveda e Leonor, dizendo que os que escaparem dessa tragédia verão os dois apaixonados encontrarem a morte naquela selva quente e impiedosa. E o casal, depois de tanto chorar, a ponto de amolecer as pedras, abraçado libertará a alma da formosa e infeliz prisão do corpo.

### estrofe 49

"Mais ia por diante o monstro horrendo[10],
Dizendo nossos fados[11], quando, alçado[12],
Lhe disse eu: – Quem és tu? Que esse estupendo[13]
Corpo certo[14] me tem maravilhado[15]!
A boca e os olhos negros retorcendo
E dando um espantoso e grande brado[16],
Me respondeu, com voz pesada e amara[17],
Como quem da pergunta lhe pesara:

---

1 Os olhos que escaparem: **aqueles que escaparem.**
2 Desventura: **infortúnio, má sorte.**
3 Amantes: **apaixonados (Sepúlveda e Leonor).**
4 Míseros: **infelizes.**
5 Férvida: **quentíssima.**
6 Implacável: **inclemente, impiedosa.**
7 Espessura: **selva fechada.**
8 Abrandarem: **amolecerem.**
9 Misérrima: **infelicíssima.**
10 Horrendo: **horrível.**
11 Fados: **destinos, aquilo que nos aconteceria.**
12 Alçado: **erguido, levantado.**
13 Estupendo: **extraordinário, fora do comum.**
14 Certo: **com certeza.**
15 Maravilhado: **assombrado, espantado.**
16 Brado: **grito.**
17 Voz pesada e amara: **voz carregada e amarga de tristeza.**

Vasco da Gama interrompe a narração das trágicas profecias do gigante e pergunta quem é ele, cujo corpo estupendo o deixara maravilhado. Retorcendo a boca e os olhos negros, o gigante respondeu com uma voz carregada e triste, como se tivesse ficado magoado com a pergunta. A estrofe termina com dois pontos: veremos a resposta do gigante nos próximos versos.

### estrofe 50

"Eu sou aquele oculto[1] e grande Cabo
A quem chamais vós outros Tormentório[2],
Que nunca a Ptolomeu, Pompônio, Estrabo,
Plínio[3] e quantos passaram fui notório[4].
Aqui toda a Africana costa acabo
Neste meu nunca visto promontório[5],
Que para o Polo Antártico[6] se estende,
A quem vossa ousadia tanto ofende.

Revelando sua identidade, o gigante responde que é o Cabo chamado pelos marinheiros de Tormentório, que nunca foi conhecido pelos grandes geógrafos do passado. Esse promontório aponta para o polo Sul. Ele é o limite da costa ocidental africana e se ofende com a ousadia dos portugueses que querem ir além.

### estrofe 51

"Fui dos filhos aspérrimos[7] da Terra[8],
Qual Encélado, Egeu e o Centimano[9];
Chamei-me Adamastor[10], e fui na guerra
Contra o que vibra os raios de Vulcano[11];

---

1 Oculto: **desconhecido.**
2 Tormentório: **que causa ou em que há tormentas. É o chamado Cabo das Tormentas e, mais tarde, Cabo da Boa Esperança.**
3 Ptolomeu, Pompônio, Estrabo, Plínio: **geógrafos antigos que não sabiam da existência do Cabo das Tormentas. Ptolomeu (egípcio, séc. II), Pompônio (latino, séc. I), Estrabo ou Estrabão (grego, séc. I a.c.) e Plínio (latino, séc. I).**
4 Fui notório: **fui notado.**
5 Promontório: **cabo formado de rochas elevadas.**
6 Antártico: **sul.**
7 Aspérrimos: **muito ásperos, isto é, selvagens, descomunais, pois eram monstruosos.**
8 Terra: **a deusa Terra, entidade da mitologia grega, mãe dos gigantes conhecidos como titãs. Adamastor é um deles.**
9 Encélado, Egeu e o Centimano: **nomes de outros titãs.**
10 Adamastor: **segundo alguns historiadores, esse nome pode significar indomável, invencível.**
11 Fui na guerra / Contra o que vibra os raios de Vulcano: **participei da guerra contra Júpiter (ou Zeus), o deus potente que lança os raios fabricados por outro deus chamado Vulcano.**

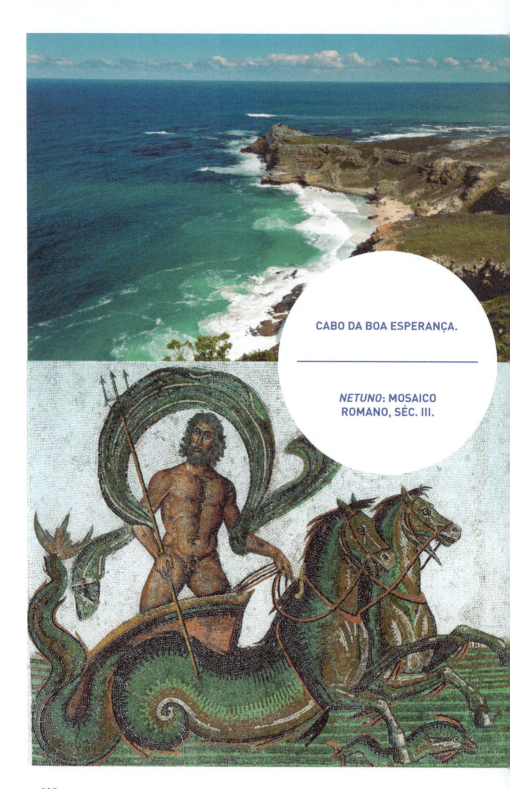

CABO DA BOA ESPERANÇA.

*NETUNO*: MOSAICO ROMANO, SÉC. III.

Não que pusesse serra sobre serra[1],
Mas, conquistando as ondas do oceano[2],
Fui capitão do mar, por onde andava
A armada de Netuno, que eu buscava[3].

Nesta estrofe, temos a origem mitológica de Adamastor. Ele era um titã, filho da Terra, e participara da guerra movida pelos gigantes contra os chamados deuses olímpicos, liderados por Júpiter. Mas ele não combatera em terra e sim no mar, perseguindo a armada de Netuno. A seguir ele explicará o que o levou a tomar essa decisão.

### estrofe 52

"Amores da alta esposa[4] de Peleu[5]
Me fizeram tomar tamanha empresa[6];
Todas as deusas desprezei do céu,
Só por amar[7] das águas a princesa.
Um dia a vi, com as filhas de Nereu[8],
Sair nua na praia e logo presa
A vontade senti[9] de tal maneira
Que inda[10] não sinto coisa que mais queira.

Adamastor revela aqui sua paixão por Tétis, uma linda ninfa por quem tomou a ousada e insensata decisão de lutar contra Netuno. Por esse amor, desprezou todas as outras deusas. Ficou tão apaixonado que até o presente não há nada que ele mais desejasse senão o seu amor.

---

1 Não que pusesse serra sobre serra: não que escalasse o monte Olimpo, morada de Júpiter e outros deuses.
2 Oceano: enquanto os outros titãs investiam contra o monte Olimpo, Adamastor conquistou o Oceano para atacar a armada do deus Netuno (ou Poseidon), aliado de Júpiter.
3 Buscava: procurava para combater.
4 Alta esposa: ilustre, nobre.
5 Peleu: a esposa de Peleu era Tétis, uma linda ninfa do oceano, filha de Nereu e Dóris.
6 Tomar tamanha empresa: empreender essa ousada aventura.
7 Só por amar: só para amar.
8 Filhas de Nereu: as Nereidas, irmãs de Tétis.
9 Presa / A vontade senti: tive a vontade presa, fui conquistado (pela sua beleza).
10 Inda: ainda.

**Nereu:** é um deus marinho primitivo, anterior a Netuno, representando uma das forças elementares do mundo. É casado com Dóris, filha de Oceano, uma entidade vista como um pai de todos os rios. As filhas de Nereu e Dóris são as Nereidas. São elas que aparecem neste mosaico no Parque Arqueológico de Paphos (Chipre).

**estrofe 53**
"Como fosse impossível alcançá-la[1],
Pela grandeza feia de meu gesto[2],
Determinei por armas de tomá-la[3]
E a Dóris[4] este caso manifesto.
De medo a Deusa então por mim lhe fala[5];

---

1   Alcançá-la: **conquistá-la.**
2   Pela grandeza feia de meu gesto: **por causa da minha grande feiúra.**
3   Determinei por armas de tomá-la: **decidi tomá-la por meio das armas.**
4   Dóris: **mãe de Tétis e esposa de Nereu.**
5   Por mim lhe fala: **fala a ela, Tétis, por mim.**

Mas ela, com um formoso riso honesto[1],
Respondeu: — "Qual será o amor bastante
De ninfa, que sustente o dum Gigante?

Sabendo que com seu aspecto monstruoso não conseguiria conquistar o amor de Tétis, o gigante diz à mãe dela, Dóris, que vai tentar por meio da violência, da guerra. Levada pelo medo, Dóris fala com a filha sobre a paixão de Adamastor. Mas ela recusa, respondendo com uma pergunta: como o amor de uma ninfa pode satisfazer o amor de um gigante como Adamastor?

### estrofe 54

"Contudo, por[2] livrarmos o Oceano
De tanta guerra, eu buscarei maneira
Com que, com minha honra, escuse o dano[3]."
Tal resposta me torna a mensageira[4].
Eu, que cair não pude neste engano[5]
(Que é grande dos amantes a cegueira[6]),
Encheram-me, com grandes abundanças[7],
O peito de desejos e esperanças.

Tétis continua a conversar com a mãe, dizendo-lhe que, para evitar os desastres de uma guerra no Oceano, vai tentar encontrar uma maneira de resolver isso sem perder a honra. Adamastor diz que, como estava tão apaixonado, não percebeu que isso era uma mentira; por isso, seu coração se encheu de desejos e esperanças.

### estrofe 55

"Já néscio[8], já da guerra desistindo,
Uma noite, de Dóris prometida,
Me aparece de longe o gesto[9] lindo

---

1     **Honesto: recatado, casto.**
2     **Por: para.**
3     **Escuse o dano: evite o dano, isto é, a guerra que Adamastor dissera que faria para possuí-la.**
4     **Tal resposta me torna a mensageira: essa resposta me traz a mensageira, Dóris.**
5     **Que cair não pude neste engano: que não pude perceber essa mentira.**
6     **Que é grande dos amantes a cegueira: pois é grande a cegueira dos que amam.**
7     **Com grandes abundanças: abundantemente.**
8     **Néscio: sem juízo, tomado inteiramente pela paixão.**
9     **Gesto: vulto, imagem.**

Da branca Tétis, única[1], despida.
Como doido corri de longe, abrindo
Os braços para aquela que era vida
Deste corpo[2], e começo os olhos belos
A lhe beijar, as faces e os cabelos.

Tomado por aquela paixão, Adamastor desiste da guerra e, uma noite em que Tétis prometera encontrá-lo, ele viu de longe sua imagem linda e despida. Correu como doido para abraçar aquela que era a razão de sua vida e passou a beijar-lhe os olhos, as faces e os cabelos.

### estrofe 56

"Oh que não sei de nojo[3] como o conte!
Que, crendo ter nos braços quem amava,
Abraçado me achei com um duro monte
De áspero mato e de espessura brava[4].
Estando com um penedo fronte a fronte[5],
Que eu pelo rosto angélico apertava[6],
Não fiquei homem, não; mas mudo e quedo[7]
E, junto dum penedo, outro penedo!

No entanto, Adamastor exclama, com dor, que não sabe como poderá contar o que aconteceu, de tão amarga que é a história. Pensando estar abraçando Tétis, na verdade envolvia um monte com mato espesso, cheio de espinhos. Em vez de estar face a face com o rosto angelical da amada, estava próximo a um rochedo. Foi tão forte o choque que ele lá ficou, mudo e imóvel, como se tivesse sido transformado num outro rochedo.

### estrofe 57

"Ó Ninfa, a mais formosa do Oceano,
Já que minha presença não te agrada,

---

1 Única: **sem igual.**
2 Aquela que era vida / Deste corpo: **aquela por quem meu corpo vivia.**
3 Nojo: **amargura.**
4 Monte / De áspero mato e de espessura brava: **monte onde havia mato espesso com espinhos.**
5 Penedo fronte a fronte: **rochedo cara a cara.**
6 Que eu pelo rosto angélico apertava: **que eu pensava que fosse o rosto angélico (de Tétis).**
7 Mudo e quedo: **mudo e imóvel.**

Que te custava ter-me neste engano[1],
Ou fosse monte, nuvem, sonho ou nada?
Daqui me parto[2], irado[3] e quase insano[4]
Da mágoa e da desonra ali passada,
A buscar outro mundo, onde não visse
Quem de meu pranto e de meu mal se risse.

A dor de Adamastor é tão intensa que ele agora dirige-se a Tétis como se ela ainda estivesse presente, dizendo que se a sua presença monstruosa não a agradava, por que, ao menos, ela não o manteve nesse engano, sob forma de monte, nuvem, sonho ou nada? Vai partir, irado e quase louco de tanta mágoa e desonra, para outro lugar onde não há quem conheça a história para rir-se dele.

### estrofe 58
"Eram já neste tempo meus irmãos[5]
Vencidos e em miséria extrema postos,
E, por mais segurar-se[6] os deuses vãos[7],
Alguns a vários montes sotopostos[8].
E, como contra o céu não valem mãos,
Eu, que chorando andava meus desgostos,
Comecei a sentir do fado[9] imigo[10],
Por meus atrevimentos, o castigo:

Enquanto Adamastor sofria essa desilusão amorosa, a guerra dos titãs contra os deuses chegava ao fim. Derrotados, alguns irmãos do gigante são presos nas profundezas da terra, embaixo de grandes montes. E então ele próprio começou também a sentir o castigo de seus inimigos.

---

1   Ter-me neste engano: **manter-me neste engano.**
2   Me parto: **me vou.**
3   Irado: **enraivecido.**
4   Insano: **louco.**
5   Irmãos: **os outros titãs que lutavam contra os deuses.**
6   Por mais segurar-se: **para se sentirem mais seguros.**
7   Os deuses vãos: **os deuses imaginários, irreais.**
8   A vários montes sotopostos: **enterrados sob vários montes.**
9   Fado: **destino.**
10  Imigo: **inimigo.**

### estrofe 59

"Converte-se-me a carne em terra dura;
Em penedos os ossos se fizeram;
Estes membros que vês, e esta figura,
Por estas longas águas se estenderam.
Enfim, minha grandíssima estatura
Neste remoto cabo converteram
Os deuses; e, por mais dobradas mágoas[1],
Me anda Tétis cercando destas águas[2]".

Nesta estrofe, Adamastor encerra sua narração, contando sua transformação em promontório: a carne se converte em terra dura, os ossos em penedos e os seus membros se estendem de forma descomunal, tornando-o o Cabo das Tormentas. E para aumentar suas dores, ele ainda costuma ver a bela ninfa Tétis banhar-se naquelas águas.

### estrofe 60

Assim contava; e, com um medonho choro,
Súbito d'ante os olhos se apartou[3];
Desfez-se a nuvem negra, e com um sonoro
Bramido[4] muito longe o mar soou[5].
Eu[6], levantando as mãos ao santo coro
Dos anjos[7], que tão longe nos guiou,
A Deus pedi que removesse os duros
Casos que Adamastor contou futuros[8].

O choro magoado de Adamastor foi tão intenso que ele afastou-se subitamente. A nuvem negra que cobria o céu desfez-se e Vasco da Gama, retomando a narração, diz que pediu aos anjos do céu que não permitissem que as trágicas previsões feitas pelo gigante se concretizassem.

---

1   Por mais dobradas mágoas: **para aumentar meus sofrimentos.**
2   Me anda Tétis cercando destas águas: **Tétis costuma vir banhar-se nestas águas, perto de mim.**
3   D'ante os olhos se apartou: **afastou-se de nossos olhos.**
4   Sonoro / Bramido: **fortíssimo grito.**
5   Soou: **ecoou.**
6   Eu: **Vasco da Gama retoma a narração.**
7   Santo coro / Dos anjos: **as entidades cristãs são invocadas por Vasco da Gama, que lhes pede que impeçam a realização das trágicas previsões feitas por Adamastor.**
8   Duros / Casos que Adamastor contou futuros: **tristes casos que Adamastor contou que aconteceriam no futuro.**

# Epílogo

**CRUZ DE VASCO DA GAMA NO CABO DA BOA ESPERANÇA.**

## CANTO 10
### estrofe 145

Não mais, Musa, não mais, que a lira tenho
Destemperada[1] e a voz enrouquecida,
E não do canto[2], mas de ver que venho
Cantar a gente surda e endurecida.
O favor[3] com que mais se acende o engenho[4]
Não no dá a pátria, não, que está metida
No gosto da cobiça e na rudeza
Duma austera[5], apagada[6] e vil[7] tristeza.

No final da estrofe 144, anterior a essa, o poeta narra a chegada de Vasco da Gama à Lisboa. A partir de agora, começa o epílogo. Mas depois de cantar de forma entusiasmada os feitos militares e a história gloriosa de Portugal, o poeta confessa estar cansado e desanimado, por ver que tem cantado para uma gente que não quer ouvir. O ânimo para usar seu talento poético não vem mais da pátria, que está mergulhada na cobiça, no desejo de riquezas, vivendo um tempo inglório de apagada e vil tristeza. Eram os tempos do breve reinado do jovem D. Sebastião.

### estrofe 146

E não sei por que influxo[8] de Destino
Não tem um ledo[9] orgulho e geral gosto,
Que os ânimos levanta de contino[10]
A ter para trabalhos ledo o rosto.
Por isso vós, ó Rei, que por divino

---

1 Destemperada: **desafinada.**
2 E não do canto: **a desafinação e a rouquidão não vêm do canto, do esforço de cantar.**
3 Favor: **aplauso, ânimo.**
4 Com que mais se acende o engenho: **com que mais se desenvolve o talento.**
5 Austera: **sombria.**
6 Apagada: **desanimada.**
7 Vil: **desprezível.**
8 Influxo: **influência, intervenção.**
9 Ledo: **contente, satisfeito.**
10 De contino: **de contínuo, continuamente.**

Conselho[1] estais no régio[2] sólio[3] posto,
Olhai que sois (e vede as outras gentes)
Senhor só de vassalos[4] excelentes.

O poeta lamenta esse estado de apatia, a falta de um ledo orgulho, e dirigindo-se ao rei, lembra-lhe que é senhor de súditos excelentes.

### estrofe 147

Olhai que ledos vão, por várias vias[5],
Quais rompentes leões[6] e bravos touros,
Dando os corpos[7] a fomes e vigias[8],
A ferro, a fogo, a setas e pelouros[9],
A quentes regiões, a plagas[10] frias,
A golpes de idolatras[11] e de mouros,
A perigos incógnitos[12] do mundo,
A naufrágios, a peixes, ao profundo.

Retomando a ideia da estrofe anterior, o poeta continua dirigindo-se ao rei para exaltar as qualidades e virtudes dos súditos. Diz que vão contentes para as mais diferentes regiões, expondo-se à fome, ao frio, ao calor, aos perigos da guerra, aos naufrágios e à morte nos mares.

### estrofe 148

Por vos servir[13], a tudo aparelhados[14];
De vós tão longe, sempre obedientes;

---

1 Divino / Conselho: **providência divina.**
2 Régio: **real.**
3 Sólio: **trono.**
4 Vassalos: **súditos.**
5 Vias: **caminhos.**
6 Quais rompentes leões: **como leões prestes a atacar.**
7 Dando os corpos: **expondo-se.**
8 Vigias: **vigílias, períodos sem descanso.**
9 Pelouros: **balas das antigas armas de fogo.**
10 Plagas: **lugares.**
11 Idolatras: **adoradores de ídolos. Camões usou a forma paroxítona dessa palavra e não a proparoxítona.**
12 Incógnitos: **desconhecidos.**
13 Por vos servir: **para vos servir.**
14 Aparelhados: **preparados.**

A quaisquer vossos ásperos mandados[1],
Sem dar resposta[2], prontos e contentes.
Só com saber que são de vós olhados[3],
Demônios infernais, negros e ardentes,
Cometerão convosco[4], e não duvido
Que vencedor vos façam, não vencido.

Para servir ao rei, continua o poeta, esses súditos obedecem as ordens sem hesitar, por mais duras que sejam, só por saberem que o rei olha por eles. Com o rei enfrentarão até demônios infernais e certamente o farão vencedor e não vencido.

### estrofe 149

Favorecei-os[5] logo, e alegrai-os
Com a presença e leda humanidade;
De rigorosas leis[6] desalivai-os[7],
Que assim se abre o caminho à santidade[8].
Os mais experimentados[9] levantai-os[10],
Se, com a experiência, têm bondade[11]
Para vosso conselho[12], pois que sabem
O como, o quando, e onde as coisas cabem[13].

O poeta pede ao rei que favoreça esses súditos leais, que não os sobrecarregue com leis rigorosas, ao contrário, que trate todos de forma humana e alegre, pois é assim que um rei conquista a veneração dos que são leais. Que o rei valorize os que têm mais experiência, porque eles sabem como, onde e quando fazer o que é necessário e podem ser bons conselheiros.

---

1 Ásperos mandados: **duras ordens.**
2 Sem dar resposta: **sem discutir.**
3 De vós olhados: **olhados por vós.**
4 Cometerão convosco: **enfrentarão convosco, ao vosso lado.**
5 Favorecei-os: **protegei-os, tratai-os com favor.**
6 Rigorosas leis: **pesadas leis ou obrigações.**
7 Desalivai-os: **aliviai-os.**
8 Santidade: **veneração, respeito (por parte dos súditos).**
9 Experimentados: **experientes.**
10 Levantai-os: **valorizai-os.**
11 Bondade: **competência, capacidade.**
12 Para vosso conselho: **para vos aconselhar.**
13 Cabem: **têm cabimento.**

### estrofe 154

Mas eu que falo, humilde, baixo e rudo[1],
De vós[2] não conhecido nem sonhado?
Da boca dos pequenos[3] sei, contudo,
Que o louvor sai às vezes acabado[4].
Nem me falta na vida honesto estudo[5],
Com longa experiência misturado,
Nem engenho[6], que aqui vereis presente,
Coisas que juntas se acham raramente.

Depois de expor as qualidades dos súditos em geral, o poeta agora se dirige diretamente ao rei para falar de si mesmo, dizendo que é um homem de expressão humilde, rude, desconhecido pelo rei, mas que sabe, porém, que, às vezes, é desse tipo de gente que vem o louvor sincero. Diz ainda que tem não só estudo mas também experiência da vida, coisas que juntas raramente são encontradas. Portanto, o poeta revela que tem consciência de seu valor.

### estrofe 155

Para servir-vos, braço às armas feito[7],
Para cantar-vos, mente às Musas dada[8];
Só me falece[9] ser a vós aceito[10],
De quem virtude deve ser prezada[11].
Se me isto o Céu concede, e o vosso peito[12]
Dina empresa tomar de ser cantada[13],
Como a pressaga[14] mente vaticina[15]
Olhando a vossa inclinação[16] divina,

---

1   Rudo: rude, de forma grosseira.
2   De vós: por vós.
3   Da boca dos pequenos: da boca dos que não são pessoas importantes.
4   Acabado: perfeito, sincero.
5   Honesto estudo: o conhecimento adquirido nos livros, nos estudos.
6   Engenho: talento criativo.
7   Braço às armas feito: braço acostumado às armas.
8   Mente às Musas dada: mente dedicada à poesia, à criação artística.
9   Só me falece: só me falta.
10  Ser a vós aceito: ser aceito por vós, ter o vosso elogio ou reconhecimento.
11  De quem virtude deve ser prezada: de quem se deve prezar o merecimento.
12  Vosso peito: vossa determinação, vontade.
13  Dina empresa tomar de ser cantada: tomar uma iniciativa (empresa) digna de ser cantada.
14  Pressaga: profetizadora.
15  Vaticina: prediz.
16  Inclinação: tendência, índole.

Para servir ao rei, diz o poeta, tem os braços acostumados às armas e a mente dedicada às musas, à criação literária. Portanto, pode servi-lo como soldado e como poeta. Só falta o reconhecimento do rei, cuja virtude deve ser prezada. E se o céu permitir que isso aconteça e o rei empreender uma ação digna de ser cantada, conforme se pode prever por sua índole... A explicação final desse verso será feita na próxima e última estrofe do poema.

### estrofe 156

Ou fazendo que, mais que a de Medusa[1],
A vista vossa tema o monte Atlante[2],
Ou rompendo[3] nos campos de Ampelusa[4]
Os muros de Marrocos e Trudante[5],
A minha já estimada e leda Musa
Fico[6] que em todo o mundo de vós cante[7],
De sorte que Alexandre em vós se veja[8],
Sem à dita de Aquiles ter inveja[9].

*MEDUSA*, DE CARAVAGGIO: SEGUNDO A MITOLOGIA, ELA FOI DECAPITADA POR PERSEU.

Essa é a última estrofe do poema. Completando o raciocínio da estrofe anterior, o poeta diz que seus versos celebrarão os feitos guerreiros do rei na investida que estava sendo planejada contra os mouros do norte da África, na região do Marrocos. E os feitos de D. Sebastião seriam então imortalizados pelos versos de Camões. Mas a história mostrou que essa aventura militar foi um desastre e o próprio rei foi morto em uma das batalhas.

---

1 Medusa: **figura da mitologia grega representada como uma mulher monstruosa com serpentes no lugar dos cabelos. Tinha o poder de transformar em pedra quem a encarasse.**
2 Monte Atlante: **monte Atlas, no norte da África.**
3 Rompendo: **destruindo.**
4 Campos de Ampelusa: **campos que existiam na região do cabo Espartel, no Marrocos, no norte da África.**
5 Trudante: **região perto do Marrocos.**
6 Fico: **garanto.**
7 De vós cante: **cante vossos feitos (do rei).**
8 De sorte que Alexandre em vós se veja: **de modo que em vós se veja um novo Alexandre (Alexandre Magno, grande conquistador do século IV a.C.).**
9 Sem à dita de Aquiles ter inveja: **sem ter inveja de Aquiles. Segundo a lenda, Alexandre teria invejado o herói Aquiles porque suas façanhas foram cantadas e imortalizadas por Homero no poema *Ilíada*. O poeta diz que o rei D. Sebastião será um novo Alexandre mas sem a inveja, pois ele, Camões, será o seu cantor e o tornará conhecido em todo o mundo.**

# *Os lusíadas* e a Inquisição

No século XVI, em todos os reinos católicos, os livros deveriam ter a aprovação da Inquisição para serem publicados. Isso ocorreu também com Camões. *Rimas*, seu livro de poesias líricas (publicado postumamente), e o poema *Os lusíadas* precisaram desse consentimento.

Transcrevemos, a seguir, em português moderno, um trecho do parecer dado pela Igreja sobre *Os lusíadas*. Observe que o responsável pela leitura, frei Bartolomeu Ferreira, comenta as características da obra e ressalva que a presença de deuses pagãos não deve ser motivo de preocupação porque não passa de recurso poético do autor. O frei ainda reforça: "ficando sempre salva a verdade de nossa santa fé, que todos os Deuses dos Gentios são Demônios".

*Vi por mandado da santa e geral Inquisição estes dez cantos dos Lusíadas de Luís de Camões, dos valorosos feitos em armas que os Portugueses fizeram em Ásia e Europa, e não achei neles coisa alguma escandalosa nem contrária à fé e aos bons costumes, somente me pareceu que era necessário advertir os Leitores que o autor, para encarecer a dificuldade da navegação e entrada dos Portugueses na Índia, usa de uma ficção dos Deuses dos Gentios. [...] Todavia, como isto é Poesia e fingimento e o Autor como poeta não pretende mais que ornar o estilo Poético, não tivemos por inconveniente ir esta fábula dos Deuses na obra, conhecendo-a por tal, e ficando sempre salva a verdade de nossa santa fé, que todos os Deuses dos Gentios são Demônios. E por isso me pareceu o livro digno de se imprimir, e o Autor mostra nele muito engenho e muita erudição nas ciências humanas. Em fé do qual assinei aqui.*

*(Frei Bartolomeu Ferreira)*

OS LUSÍADAS, EDIÇÃO DE 1572.

CATÁLOGO DE LIVROS PROIBIDOS PELA INQUISIÇÃO EM PORTUGAL (1581).

# SUGESTÕES DE ATIVIDADES

Para aprofundar seus conhecimentos sobre a obra de Camões e o período em que ele viveu, apresentamos, a seguir, algumas sugestões de atividades que podem ser feitas individualmente ou em grupo, sob a coordenação do professor de literatura. A participação dos professores de Arte e História certamente enriquecerá os trabalhos.

### 1. Painel da arte renascentista
Por meio de uma pesquisa na internet, selecionar pinturas e esculturas que ilustrem a arte do Renascimento. Depois, preparar uma apresentação com as imagens para mostrar em sala de aula. Com base nas informações deste livro e também em outras leituras, escrever um breve texto explicativo sobre o material que vai ser apresentado e distribuir aos colegas. Esse painel pode ser feito sobre o Renascimento em geral ou focalizar determinado artista individualmente.

### 2. Exemplos da arte renascentista para exposição num mural
Selecionar obras do Renascimento para a montagem de um painel ilustrativo a ser exibido no mural da sala de aula ou da escola. Nesse mural, devem constar não só as reproduções das obras mas também informações sobre os artistas e o Renascimento.

### 3. Sarau literário: lendo os sonetos em voz alta
A leitura em voz alta dos sonetos de Camões é uma experiência enriquecedora, pois nos permite perceber melhor o ritmo dos versos e a riqueza das rimas. Sugerimos que os próprios alunos escolham os sonetos e organizem um sarau. Além dos trechos organizados neste livro, procurar outros e escolher os que desejarem ler. Se for possível, usar um fundo musical para cada leitura.

### 4. Deuses e deusas: o mundo mágico da mitologia

Os deuses da mitologia grega e romana estão muito presentes em *Os lusíadas* e na arte renascentista em geral. Por isso, sugerimos uma pesquisa a respeito deles e sua presença na cultura ocidental. Eles ainda são uma inspiração para a produção moderna? Pensar em exemplos: no cinema, nos jogos de computador, nos desenhos animados, nas revistas em quadrinhos etc.

### 5. O cinema épico: *Odisseia*

Promover a exibição do filme *A Odisseia*, organizando um debate sobre as características do gênero épico que ele apresenta. Se não for possível fazer a exibição na escola, os alunos poderão ver o filme por conta própria e depois realizar o debate em sala de aula.

*A Odisseia*. Direção de Andrei Konchalovsky, EUA, 1997. Com Isabella Rosselini, Armand Assante, Eric Roberts, Greta Scacchi, Geraldine Chaplin, Christopher Lee, Irene Papas. 150 min.

### 6. Episódio de Inês de Castro: criação de monólogo

Com base na leitura desse episódio, criar um monólogo em que a própria Inês de Castro se apresenta narrando sua triste sorte. Se houver mais de uma apresentação, comparar os monólogos destacando as características e as qualidades de cada um.

### 7. Eu, Camões: criação de um monólogo

Com base nas informações sobre a vida de Camões que estão neste livro, criar um monólogo em que o próprio poeta se apresenta para falar de sua vida e poesia.

### 8. Portugal: terra de navegantes

Preparar uma apresentação visual sobre as viagens marítimas portuguesas nos séculos XIV e XV e sua importância para a história do Ocidente. Esse trabalho pode ser feito com imagens e documentários disponíveis na internet.

**Douglas Tufano** é formado em Letras e Educação pela Universidade de São Paulo. Professor por muitos anos em escolas públicas e particulares, é também conhecido autor de várias obras didáticas e paradidáticas dirigidas a estudantes do Ensino Fundamental e Médio, nas áreas de Língua Portuguesa e de Literatura Brasileira e Portuguesa.